FINAL HSK

실전 모의고사

3급

FINAL HSK 실전 모의고사 3급

초판인쇄	2023년 4월 20일
초판발행	2023년 5월 1일

편저	倪明亮
편역	권연주
편집	최미진, 연윤영, 가석빈, 엄수연, 高霞
펴낸이	엄태상
디자인	진지화
조판	이서영
콘텐츠 제작	김선웅, 장형진
마케팅본부	이승욱, 왕성석, 노원준, 조성민, 이선민
경영기획	조성근, 최성훈, 정다운, 김다미, 최수진, 오희연
물류	정종진, 윤덕현, 신승진, 구윤주

펴낸곳	시사중국어사(시사북스)
주소	서울시 종로구 자하문로 300 시사빌딩
주문 및 문의	1588-1582
팩스	0502-989-9592
홈페이지	http://www.sisabooks.com
이메일	book_chinese@sisadream.com
등록일자	1988년 2월 12일
등록번호	제300 - 2014 - 89호

ISBN 979-11-5720-242-3 (14720)
　　　979-11-5720-241-6 (SET)

新中国汉语水平考试HSK应试指南（三级）

HSK 3급 따기 Final 비법 4!

1
영역별 문제풀이 핵심을 알자!

영역별 문제풀이 핵심을 정확히 파악하면 문제를 대하는 시선이 달라진다. 문제를 푸는 데 필요한 것만 확실하게 짚어내 익히고 문제풀이 훈련을 하자!

2
양질의 문제를 많이 풀어 보자!

북경어언대 HSK 전문 집필진이 공들여 선별한, 최신 경향에 맞춘 양질의 문제를 꼼꼼히 풀어 보자. 문제 양도 풍부하여 반복 훈련이 가능하다.

3
듣기를 잡으면 HSK가 잡힌다!

북경어언대 원서에서만 만날 수 있는 특혜! 중국 현지에서 직접 녹음한 파일로 학습하여 실전 감각을 익히자!

4
실전 모의고사 3세트로 3급 마무리하자!

출제자의 의도를 정확히 반영한 고퀄리티의 실전 모의고사 3세트로 3급 시험 준비를 마무리할 수 있다!

차례

PART 1   영역별 훈련

1. 듣기

2. 독해

3. 쓰기

해설집

▶ 해설집 다운로드

※ 해설집 PDF 파일은 로그인 후
무료 다운로드 가능합니다.

Final HSK 실전 모의고사 - 100% 활용법

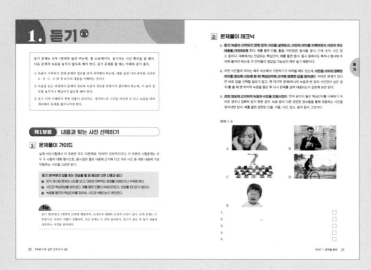

영역별 문제풀이 핵심 체크

장황한 설명은 No!
영역별로 핵심만 체크하고
문제풀이로 바로 넘어가세요!

대량의 문제 무한 반복 풀기

영역별로 3세트 분량의 문제가
실려 있어 영역별 핵심을 바로
문제에 연결시켜 풀어 보세요!

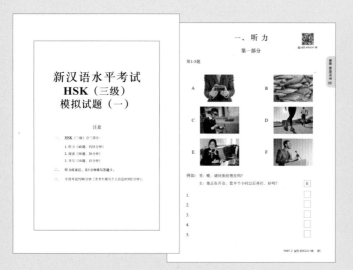

실전 모의고사 3세트로 실력 점검

실제 시험에서는 실전 감각이
중요하므로 실전처럼 제한 시간 안에
문제를 풀어 보세요.

QR로 언제 어디서든 간편하게
음원을 들으며 문제를 풀 수 있어요!

교재 속 QR만 찍으면 정답은 물론 해설을 바로 볼 수 있어요.
해설집 PDF파일은 간편하게 무료로 다운받아 언제나 볼 수 있어요.

HSK는 제1언어가 중국어가 아닌 사람의 중국어 능력을 평가하기 위해 만들어진 중국 정부 유일의 국제중국어능력 표준화 시험으로 생활, 학습, 업무 등 실생활에서의 중국어 운용능력을 중점적으로 평가하는 시험입니다.

1 시험 구성

HSK는 국제 중국어능력 표준화 시험으로, 중국어가 모국어가 아닌 사람들이 생활, 학습, 업무 면에서 중국어로 교류하는 능력을 중점적으로 테스트합니다. HSK는 필기시험과 구술시험의 두 가지 부분으로 나누어지고, 필기시험과 구술시험은 서로 독립적입니다. 필기시험은 1급, 2급, 3급, 4급, 5급과 6급 시험으로 나누어지고, 구술시험은 초급, 중급, 고급으로 나누어지며 구술시험은 녹음의 형식으로 이루어집니다.

필기 시험	구술 시험
HSK(1급)	HSKK(초급)
HSK(2급)	
HSK(3급)	HSKK(중급)
HSK(4급)	
HSK(5급)	HSKK(고급)
HSK(6급)	

2 시험 등급

HSK의 각 등급에 따른 단어 수와 중국어 학습 능력 수준은 아래의 표와 같습니다.

HSK	단어 수	중국어 학습 능력 수준
1급	150	매우 간단한 중국어 단어와 구문을 이해하고 사용할 수 있으며, 구체적인 의사소통 요구를 만족시키며, 한 걸음 더 나아간 중국어 능력을 구비합니다.
2급	300	익숙한 일상생활을 주제로 하여 중국어로 간단하게 바로 의사소통 할 수 있으며, 초급 중국어의 우수한 수준에 준합니다.
3급	600	중국어로 생활, 학습, 비즈니스 등 방면에서 기본적인 의사소통 임무를 수행할 수 있으며, 중국에서 여행할 때도 대부분의 의사소통을 할 수 있습니다.
4급	1,200	중국어로 비교적 넓은 영역의 주제로 토론을 할 수 있고, 비교적 유창하게 원어민과 대화할 수 있습니다.
5급	2,500	중국어로 신문과 잡지를 읽고, 영화와 텔레비전을 감상할 수 있으며, 중국어로 비교적 높은 수준의 강연을 할 수 있습니다.
6급	5,000 이상	중국어로 된 소식을 가볍게 듣고 이해할 수 있고, 구어체나 문어체의 형식으로 자신의 견해를 자유롭게 표현할 수 있습니다.

3 접수 방법

❶ 인터넷 접수 : HSK 한국사무국 홈페이지(http://www.hsk.or.kr)에서 접수

❷ 우편 접수 : 구비서류를 동봉하여 등기우편으로 접수

　　　　　　※ 구비서류 : 응시원서(사진 1장 부착) + 사진 1장 + 응시비 입금 영수증

❸ 방문 접수 : HSK 한국사무국에서 접수(*HSK PBT만 가능)

4 접수 확인 및 수험표 발급 안내

❶ 접수 확인 : 모든 응시생은 접수를 마친 후 HSK 홈페이지에서 접수 확인을 합니다.

❷ 수험표 발급 : 수험표는 홈페이지 나의 시험정보 <접수내역> 창에서 접수 확인 후 출력
　　　　　　　가능합니다. 우편접수자의 수험표는 홈페이지를 통해 출력 가능하며, 방문
　　　　　　　접수자의 수험표는 접수 시 방문접수 장소에서 발급해 드립니다.

5 성적 결과 안내

인터넷 성적 조회는 시험일로부터 HSK IBT는 2주 후, HSK PBT는 1개월 후이며, HSK 개인
성적표는 시험일로부터 45일 후 수령 가능합니다.

6 주의사항

- 접수 후에는 응시등급, 시험일자, 시험장소, 시험방법의 변경이 불가능합니다.

- 고사장은 학교 사정과 정원에 따라 변동 및 조기 마감될 수 있습니다.
　(변경 시 홈페이지 공지)

- 천재지변·특수상황 등 이에 준하는 상황 발생시 시험일자의 변경이 가능합니다.
　(변경 시 홈페이지 공지)

- HSK 정기시험은 관련규정에 근거하여 응시 취소신청이 가능합니다.

Q. HSK 3급 구성과 시험 시간 배점은 어떻게 되나요?

A. HSK 3급은 총 100문제로 듣기/독해/쓰기 세 영역으로 나뉩니다. 80문항을 약 85분 동안 풀어야 합니다. 각 영역별로 배점은 100점으로 총 300점 만점에 180점 이상이면 HSK 3급 합격증을 받을 수 있습니다. 듣기 영역이 끝난 후에는 5분의 답안 작성시간이 따로 주어집니다.

시험 내용		문항 수 / 배점		시험 시간
1 듣기	제1부분	10	40문항 / 100점	약 35분
	제2부분	10		
	제3부분	10		
	제4부분	10		
듣기 영역에 대한 답안 작성시간				5분
2 독해	제1부분	10	30문항 / 100점	30분
	제2부분	10		
	제3부분	10		
3 쓰기	제1부분	5	10문항 / 100점	15분
	제2부분	5		
총계		80 문항 / 300점		약 85분

Q. 몇 점이면 합격인가요?

A. HSK 3급은 듣기/독해/쓰기 세 영역으로 총 80문항, 300점 만점입니다. 여기서 영역별 과락 없이 총점 180점 이상이면 3급 합격증을 취득할 수 있습니다. 하지만 성적표에 각 영역별로 성적이 모두 표시되고 있어 어떤 영역이 현저히 점수가 좋지 않은 것은 피하는 것이 좋습니다. 또한 요즘에는 180점이 커트라인이라고 하여도 200점 이상을 요구하는 곳이 많으므로 200점은 넘길 수 있도록 목표를 잡고 공부하는 것이 좋습니다.

Q. 얼마나 공부하면 HSK 3급을 취득할 수 있나요?

A. 한 달이면 충분히 가능합니다. 단, 여기서의 한 달이란 중국어 학습을 꾸준히 공부하셨을 때를 말합니다. 문제를 처음 접하면 누구나 막막하지만 합격해야 한다는 간절한 마음가짐으로 단어부터 차근차근 학습하는 과정을 밟아 나가다 보면 어느 순간 정답을 맞히고 있는 자신을 보게 될 것입니다. 꾸준히 학습하고, 마무리로 <Final HSK 실전 모의고사>로 마무리하는 것 잊지 않는다면 3급 합격은 물론, 고득점까지도 가능합니다.

Q. 이 교재로 마무리하면 정말 HSK 3급을 취득할 수 있을까요?

A. 물론입니다. 이 책에 실린 모든 문제는 실제 기출문제를 가공한 문제들로 이루어져 있어 최근 시험의 출제경향을 100% 담았다고 할 수 있습니다. 문제풀이 가이드와 테크닉을 잘 따라 간 후 실전 모의고사 3회분으로 실력 점검을 제대로 하면 응시생 여러분도 HSK 3급 합격자가 될 수 있습니다.

Q. HSK 3급 시험의 난이도는 어떻게 되나요?

A. HSK의 출제경향과 시험의 난이도는 해마다, 달마다 달라지고 있으며, 다양한 표현과 새로운 유형들이 출제되고 있습니다. 하지만 급수마다 출제되는 어휘가 정해져 있기 때문에 기본에 충실했다면 고득점 취득도 문제 없습니다. 본 교재는 시험에서 반복적으로 빠지지 않고 출제되고 있는 유형과 표현들을 집중적으로 학습시키고자 양질의 문제를 담았으므로 기본에 충실했다면 새로운 문제가 나와도 유연하게 대처할 수 있습니다.

Q. HSK IBT는 무엇인가요?

A. 기존에는 HSK 시험 방식이 대부분 지류시험 방식(PBT)이었습니다. 하지만 최근에는 많은 응시생들이 컴퓨터를 사용하여 문제를 푸는 방식인 IBT 역시 선택하여 시험을 치르고 있습니다. PBT 방식이든, IBT 방식이든 모두 같은 공인급수를 받을 수 있습니다.

IBT의 장점은 듣기의 경우 개개인이 헤드셋을 착용하고 듣기 때문에 좀 더 집중할 수 있고, 쓰기의 경우 워드(Word)를 작성하는 것과 같은 방식으로 진행되기 때문에 워드 정도만 다룰 줄 안다면 글자를 몰라 헤매거나 지우개로 지웠다 썼다 하는 수고를 덜 수 있습니다. 단점은 오로지 모니터로만 지문을 봐야 하기 때문에 독해의 경우 평소에 지류시험에 익숙한 응시생들은 집중력이 떨어지는 경우가 많아 충분한 연습을 하고 응시해야 합니다. 수험생 여러분에게 맞는 좀 더 편한 방식을 선택하여 시험에 응시하면 됩니다.

*본책 12쪽 <HSK IBT 시험 순서 및 요령>을 확인하세요!

Q. 시험일자와 접수방법이 어떻게 되나요?

A. 기존에는 HSK 시험이 매달 1회씩, 12회가 실시되었습니다. 하지만 IBT라고 하는 컴퓨터를 사용하여 시험에 응시하는 방식이 생기면서 추가시험이 수시로 진행되고 있어 응시 기회가 더 많아졌습니다. 이에 따라 HSK시험을 진행하는 대행사 또한 많아져 접수방식에 조금씩 차이가 있으므로, HSK 한국사무국(www.hsk.or.kr) 또는 HSK 탕차이니즈(www.hskkorea.co.kr) 등의 대행사 홈페이지를 통해 정확한 일정과 접수방식을 확인하는 것이 좋습니다.

1 시험 진행 순서 및 유의사항

※ 시험 진행 순서

소요시간	내용	참고
오전 9시까지	응시자 입실 완료 (수험표 번호로 고사장 확인 후, 입구에서 좌석 확인)	
약 20분	응시자 신분 확인 및 유의사항 안내, 답안지 작성 및 HSK IBT 설명	
약 10분	응시생 수험번호 입력과 HSK IBT System Login	
약 35분	듣기	각 항목별 중간 휴식시간 없음
5분	듣기 영역에 대한 답안 작성 시간	
30분	독해	
15분	쓰기	
총 시험 시간: 약 85분		

※ 유의사항
- 듣기 평가는 한 번씩 들려줍니다.
- 듣기 영역에 대한 답안은 각 문항의 듣기가 끝난 후, 다음 듣기 문항으로 넘어가기 전에 정답을 선택/클릭합니다.
- 모든 듣기 문제가 끝난 후 5분의 답안 체크 시간이 주어집니다.
- 답안 작성 시에는 왼쪽 화면의 답안 작성 상황을 살펴 누락시킨 문제가 없도록 확인합니다.
- 답안을 정정할 경우에는 새 답안을 다시 선택해야 합니다.
- 필기구를 책상 위에 놓거나 사용하는 행위는 발각 시 부정행위 처리됩니다.

화면 메뉴 기능 설명

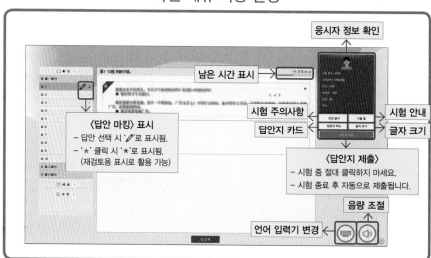

2 시험 응시 매뉴얼

① 언어 선택

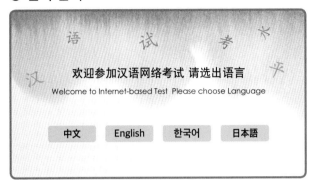

- 한국어, 중국어, 영어, 일본어 중 한 가지를 선택합니다.

② 로그인

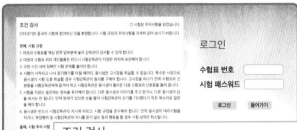

- 수험표 번호와 패스워드를 입력합니다. (수험표 번호와 패스워드는 시험 당일 모니터 하단 또는 칸막이에 부착되어 있음)
- 응시자 정보가 뜨면 정보를 확인합니다.

조건 검사

☐ 시험장 주의사항을 읽었습니다.

인터넷 기반 중국어 시험에 참여하신 것을 환영합니다. 시험 규정과 주의사항을 자세히 읽어 보시기 바랍니다.

첫째, 시험 규정

1. 여권과 수험표를 책상 왼쪽 앞부분에 놓아 감독관이 검사할 수 있게 합니다.
2. 여권과 수험표 외의 개인 물품은 반드시 시험감독관이 지정한 위치에 보관해야 합니다.
3. 규정 시간 내에 정해진 시험 문제를 풀어야 합니다.
4. 시험이 시작되고 나서 듣기 평가를 마칠 때까지, 응시생은 고사장을 퇴실할 수 없습니다. 특수한 사정으로 응시생이 시험 도중 퇴실할 경우 시험감독관의 동의를 구해야 합니다. 고사장을 떠나기 전에 수험표와 신분증을 시험감독관에게 맡겨야 하고 시험감독관은 응시생이 돌아온 다음 수험표와 신분증을 돌려줍니다.
5. 시험을 치르는 동안에는 정숙을 유지해야 합니다. 다른 응시생과 이야기를 주고받거나, 다른 응시생의 답을 봐서는 안 됩니다. 만약 문제가 있으면 손을 들어 시험감독관이 오기를 기다렸다가 작은 목소리로 질문을 해야 합니다.
6. 응시생은 반드시 시험감독관의 지시에 따르고, 시험 규정을 준수해야 합니다. 만약 응시생이 대리시험을 치거나, 부정행위 및 시험감독관의 지시를 듣지 않는 등의 행동을 할 경우 시험 성적은 취소됩니다.

둘째, 시험 주의 사항

1. 시험은 키보드와 마우스, 이어폰을 사용해 치르며 연습 용지는 발급하지 않습니다. 컴퓨터 및 기타 장비를 함부로 만지거나 다른 장비를 컴퓨터에 탈부착해서는 안 됩니다. 만약 응시생의 부주의로 컴퓨터 및 이어폰이 파손될 경우(예컨대 이어폰 선이 끊어진 경우), 응시생이 보상해야 합니다.
2. 이어폰의 음량을 잘 조절하시기 바랍니다. 문제가 있을 경우 시험감독관에게 문의하시기 바랍니다.
3. 시험 총 시간은 인터넷 기반 시험 시스템이 통제하며 컴퓨터 모니터에 남은 시간이 표시됩니다.
4. 시험 시작 1분 전에 시스템이 자동적으로 시험 모드로 변하며 응시생은 듣기 평가 항목의 내용을 볼 수는 있지만 문제를 풀 수는 없습니다.
5. HSK 3급, 4급, 5급의 단어 배열 문제는 마우스를 드래그하는 방식으로 풉니다. 시스템에 과부하가 걸리지 않도록 응시생은 너무 빈번하게 드래그해서는 안 됩니다.

③ 헤드셋 음량 체크

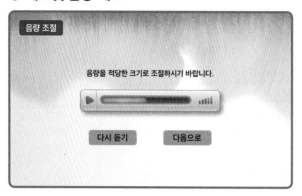

- 헤드셋 착용 후 출력여부 및
  음량 크기를 체크합니다.
- 작동 오류가 있을 시 조용히
  손을 들어 감독관에게 알립니다.

④ 시험 문제 다운로드

- 시험 문제는 자동으로 다운로드됩니다.
- [다음으로] 버튼을 클릭하면 '대기 화면'
  으로 전환됩니다.

⑤ 대기 화면

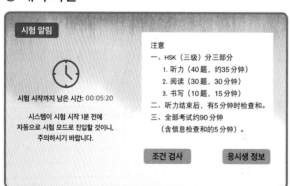

- 듣기 시험 시작 1분 전이 되면
  [대기 화면]에서 [듣기 영역]으로
  화면이 넘어가며, 1분간 '선택 문항'을
  볼 수만 있습니다.

⑥ HSK 3급 듣기 영역

[듣기 영역]

시험 내용	문항 수 (총 45문항)	시험 시간
제1부분	1~10번	약 40분 (답안 작성 시간 5분 포함)
제2부분	11~20번	
제3부분	21~30번	
제4부분	31~40번	

- 답안 확인 시간이 추가로 5분간 주어지며,
최종 체크하는 시간으로 활용합니다.

⑦ HSK 3급 독해 영역

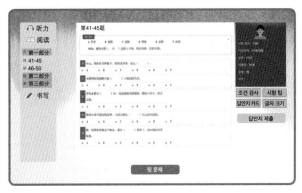

[독해 영역]

시험 내용	문항 수 (총 30문항)	시험 시간
제1부분	41~50번	약 30분
제2부분	51~60번	
제3부분	61~70번	

- 영역 내에서 자유롭게 이동이 가능합니다.

⑧ HSK 3급 쓰기 영역

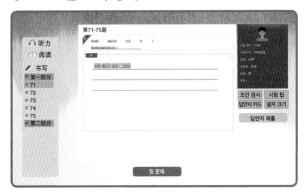

[쓰기 영역]

시험 내용	문항 수 (총 10문항)	시험 시간
제1부분	71~75번	약 15분
제2부분	76~80번	

- 제1부분은 단어를 마우스로 드래그하여 답안을
작성합니다.
- 'SOGOU 병음 입력기(拼音输入法)'로 작성합니
다.
- 문장 맞춤법과 문장 부호 등을 쓰기 사용법에 맞
추어 작성하며, 마침표는 '.', '。' 모두 사용 가능합
니다.

중국어 입력 꿀팁

- 보통 컴퓨터 자판에서 Alt + Shift 키를 누르면 중국어 자판으로 변경되며, 컴퓨터 화면 하단 작업 표시줄의 오른쪽에서 마우스로도 변경 가능
- [ü] 발음의 중국어를 입력할 때에는 알파벳 v를 입력해야 함
- 중국어의 문장부호 '、'는 컴퓨터 자판 오른쪽 부분의 W 자판을 입력하면 됨
- 입력 시 자동으로 상용 중국어가 하단에 표시되므로, 내가 입력하려는 글자가 맞는지 확인해야 함

⑨ 시험 종료 및 제출

- 시험 시간이 종료되고 답안지 제출 버튼을 누르면 시험이 종료되고 자동으로 답안 제출이 됩니다. 반드시 시험을 모두 끝내고 클릭합니다.
- 시험이 모두 종료되면, 감독관의 지시에 따라 조용히 퇴실합니다.

Final HSK 실전 모의고사 - 100% 활용법

시험 보기 한달 전

MON	TUE	WED	THU	FRI	SAT	SUN
1 듣기 제1부분 핵심 파악	2 듣기 제1부분 문제 풀기	3 듣기 제2부분 핵심 파악	4 듣기 제2부분 문제 풀기	5 듣기 제3·4부분 핵심 파악	6 듣기 제3·4부분 문제 풀기	7
8 독해 제1부분 핵심 파악	9 독해 제1부분 문제 풀기	10 독해 제2부분 핵심 파악	11 독해 제2부분 문제 풀기	12 독해 제3부분 핵심 파악	13 독해 제3부분 문제 풀기	14
15 쓰기 제1부분 핵심 파악①	16 쓰기 제1부분 핵심 파악②	17 쓰기 제1부분 문제 풀기	18 쓰기 제2부분 핵심 파악	19 쓰기 제2부분 문제 풀기	20 실전 모의고사 1회 풀기	21
22 실전 모의고사 1회 복습	23 실전 모의고사 2회 풀기	24 실전 모의고사 2회 복습	25 실전 모의고사 3회 풀기	26 실전 모의고사 3회 복습	27 전체 복습	fighting!! ★ D-DAY

시험 보기 보름 전

MON	TUE	WED	THU	FRI	SAT	SUN
1 듣기 제1부분 핵심 파악 문제 풀기	2 듣기 제2부분 핵심 파악 문제 풀기	3 듣기 제3·4부분 핵심 파악 문제 풀기	4 독해 제1부분 핵심 파악 문제 풀기	5 독해 제2부분 핵심 파악 문제 풀기	6 독해 제3부분 핵심 파악 문제 풀기	7
8 쓰기 제1부분 핵심 파악 문제 풀기	9 쓰기 제2부분 핵심 파악 문제 풀기	10 실전 모의고사 1회 풀기 복습	11 실전 모의고사 2회 풀기 복습	12 실전 모의고사 3회 풀기 복습	13 전체 복습	fighting!! ★ D-DAY

PART

1

HSK 3급
영역별 훈련

1. 듣기 🎧

듣기 문제는 모두 1번씩만 들려 주는데, 총 40문제이다. 응시자는 시간 확인을 잘 해서, 다음 문제의 녹음을 놓치지 않도록 해야 한다. 듣기 문제를 풀 때는 아래와 같이 풀자.

① 녹음이 시작되기 전에 문제의 정보를 먼저 파악해야 하는데, 예를 들면 미리 준비된 사진과 A·B·C·D 네 개 보기의 내용을 이해하는 것이다.

② 녹음을 듣는 과정에서 문제의 정보와 녹음의 정보를 연계시켜 생각해야 하는데, 이 둘의 정보를 놓치거나 헷갈리지 않도록 해야 한다.

③ 듣고 미처 이해하지 못한 내용이 있더라도, 생각하느라 시간을 버리면 안 되고 녹음을 따라 계속해서 문제를 풀어나가야 한다.

제1부분   내용과 맞는 사진 선택하기

1 문제풀이 가이드

실제 HSK시험에서 이 부분은 모두 10문제로, 1번부터 10번까지이다. 이 부분의 시험문제는 모두 두 사람의 대화 형식으로, 응시생은 들은 내용에 근거해 다섯 개의 사진 중 대화 내용에 가장 부합하는 사진을 고르면 된다.

> **듣기 제1부분의 답을 찾는 연습을 할 때 중요한 것은 다음과 같다:**
> ❶ 먼저 제시된 문제의 사진을 보고, 대화의 대략적인 화제를 이해하거나 추측해 본다.
> ❷ 사진의 핵심정보를 찾아낸다. 예를 들면 인물이 여성이라든지, 전화를 한다든지 등이다.
> ❸ 녹음을 들으며 핵심 단어를 찾아내, 사진과 부합되는지 확인한다.

Tip

듣기 제1부분은 1번부터 10번에 해당하며, 10세트의 대화와 10장의 사진이 있다. 10개 문제는 두 부분으로 나뉘어 시험이 진행되며, 모든 문제는 두 번씩 들려준다. 듣기가 끝난 뒤 듣기 내용과 상응하는 사진을 골라낸다.

② 문제풀이 테크닉

1. 듣기 녹음이 시작되기 전에 먼저 사진을 살펴보고, 사진의 의미를 이해하면서 사진의 주요 내용을 기억하도록 한다. 예를 들면 인물, 활동, 자연경관, 동식물, 음식, 기계, 숫자, 시간, 장소 등이다. 대화에서는 언급되는 핵심 단어, 예를 들면 명사·동사 중에서도 특히나 명사에 주의해 들어야 하는데, 이 단어들이 정답일 가능성이 매우 높기 때문이다.

2. 어떤 사진들의 의미는 매우 비슷해서 구분하기가 어려울 때도 있는데, **사진들 사이의 명확한 차이를 찾도록 시도해 본 뒤 핵심 단어에 근거해 정확한 답을 찾아낸다.** 어려운 문제가 있다면 바로 답을 선택할 필요가 없고, 맨 마지막 문제(하나의 녹음과 한 장의 사진만이 남은 경우)를 풀 때 맨 마지막 녹음을 들은 후 다시 문제를 살펴 대응되는지 검토해 보면 된다.

3. **관련 정보에 근거하여 녹음과 사진을 연결시킨다.** 만약 본인이 들은 핵심 단어를 이해하기 어려운 경우나 정확히 듣지 못한 경우, 녹음 중의 다른 관련된 정보들을 통해 대응하는 사진을 찾아내면 된다. 예를 들면 관련된 인물, 사물, 시간, 장소, 동작 등이 그것이다.

듣기

예제 1-5

A

B

C

D

E

1. ☐

2. ☐

3. ☐

4. ☐

5. ☐

女：你一直看手表，有什么着急的事情吗？ 男：我九点前必须回到办公室，经理有事情找我。	여: 당신 계속 시계를 보네요, 무슨 급한 일이 있나요? 남: 제가 9시 전에 반드시 사무실로 돌아가야 해서요, 사장님이 일이 있어 저를 찾으시거든요.

해설   정답은 B이다.
키워드는 '手表'이다.

예제 2

男：你怎么了？今天为什么不去上课？ 女：我的头突然特别疼，我想我该去下医院。	여: 당신 무슨 일 있어요? 오늘 왜 수업에 가지 않나요? 남: 머리가 갑자기 너무 아파서, 병원에 좀 가보려고요.

해설   정답은 A이다.
여자가 '头突然特别疼'이라고 했으므로 A가 정답임을 알 수 있다.

예제 3

男：你想什么呢？要出去吗？ 女：明天同学结婚，我在想穿哪双鞋好呢。	여: 뭘 그렇게 생각해요? 나가려고요? 남: 내일 동창이 결혼을 하는데, 어떤 신발을 신으면 좋을지 생각 중이에요.

해설   정답은 C이다.
키워드는 '鞋'이다. 사진 C에 신발이 있다.

예제 4

女：你每天都骑自行车上下班？ 男：是，我骑了四个月了，一共瘦了六斤。	여: 당신은 매일 자전거를 타고 출퇴근하나요? 남: 네, 자전거 탄 지 4개월이 되었는데, 총 6근이 빠졌어요.

해설   정답은 D이다.
키워드는 '自行车'이다. 사진 D에만 자전거가 있다.

예제 5

男: 他总是哭，有什么办法可以让他不哭吗？ 女: 给他一块儿糖，或者和他做游戏。	여: 아이가 계속 우는데, 울지 않게 하는 무슨 방법이 있을까요? 남: 사탕을 주거나 아이와 함께 놀이를 해 보세요.

해설 정답은 E이다.
키워드는 '哭', '糖', '游戏'이다. 그들이 말하는 '他'는 아이임을 대화 내용에서 알 수 있고, 사진 E에만 아이가 있다.

듣
기

memo

3 연습문제 30문항

듣기 제1부분 연습문제를 문제풀이 가이드와 테크닉을 잘 숙지하여 집중해 풀어보자. 한 번에 풀기보다는 실제 시험처럼 10문항씩 3회차로 나누어 풀 것을 권장한다.

第1—30题

第1—5题

1. ☐

2. ☐

3. ☐

4. ☐

5. ☐

第6—10题

A

B

C

D

E

6. ☐

7. ☐

8. ☐

9. ☐

10. ☐

第11—15题

A

B

C

D

E

11. ☐

12. ☐

13. ☐

14. ☐

15. ☐

第16—20题

A

C

E

B

D

16. ☐

17. ☐

18. ☐

19. ☐

20. ☐

第21—25题

A

B

C

D

E

21. ☐

22. ☐

23. ☐

24. ☐

25. ☐

A

B

C

D

E

듣기

26. ☐

27. ☐

28. ☐

29. ☐

30. ☐

정답과 듣기 스크립트는 부록에서 확인할 수 있습니다.
해설은 해설집 PDF 2p에 있습니다.

일치 여부 판단하기

1 문제풀이 가이드

실제 HSK 시험에서 일치 여부 판단 부분은 모두 10문제로, 11번부터 20번까지이다. 이 부분의 시험문제는 모두 하나의 문장이나 단문이 나오며, 응시생은 이 문장 혹은 단문에 근거해 제시된 문제와 일치 여부를 판단하면 된다.

→ 예를 들어, 12번 문제에서 응시생은 다음의 문장을 듣게 된다.

为了让自己更健康，他每天都花一个小时去锻炼身体。

12번 문제에 주어진 문장은 다음과 같다:

★ 他希望自己很健康。 ( )

응시생은 듣게 되는 위의 문장에 근거해, 제시된 문제의 일치 불일치를 판단하면 된다.

> **듣기 제2부분의 답을 찾는 연습을 할 때 중요한 것은 다음과 같다:**
> ❶ 먼저 제시된 문제의 내용을 보고, 문장의 주어·술어·목적어를 찾아 핵심정보를 도출해낸다.
> ❷ 녹음 중의 부사나 접속사 등에 유의한다. 이 단어들은 문장의 의미에 영향을 끼칠 수 있다.

Tip

듣기 제2부분은 11번부터 20번에 해당하며, 총 10문제이다. 모든 문제는 두 번씩 들려주는데, 문제마다 하나의 구 혹은 문장을 듣게 되며 시험지의 문제 역시 하나의 문장이다. 응시생은 제시된 문장의 내용과 녹음의 내용이 일치하는지를 판단하면 된다. HSK 3급의 일치 여부 판단 문제는 대부분이 녹음의 내용만으로도 바로 판단이 가능한 사실 판단 문제가 대다수이고, 추론 판단 문제도 소량 있다.

듣기 제2부분에 주로 언급되는 화제의 구체적 내용은 아래 13가지로 나눌 수 있다.
① 숫자 표현: 시간, 수량의 많고 적음, 크기, 전화번호, 금액, 중량, 길이, 거리 등
② 일상 생활: 친족 관계, 인물 호칭, 주택임차, 이사, 홈퍼니싱(집 꾸미기), 주말활동, 약속, 결혼 등
③ 학교 생활: 수업, 교실, 커리큘럼(교과과정), 교사, 학생, 유학, 시험, 성적, 숙제, 특별활동 등
④ 직장과 업무: 직업, 취업, 채용지원, 인재영입, 출퇴근, 야근, 휴가, 사직, 동료관계, 모임, 회사행사, 급여, 보너스(상여금) 등
⑤ 음식과 식사: 식당 정보, 음식 이름, 식습관, 주문, 맛, 평가 등
⑥ 교통 및 외출: 외출 방식, 외출 준비, 짐 정리, 여권 증명서, 지도, 방향, 거리, 여행, 표 구매, 차 기다림, 차 막힘, 출발, 도착 등
⑦ 날씨 상황: 일기예보, 계절 변화, 기온 변화, 강우·강설과 그 외 날씨 등
⑧ 물건의 구매: 상품 디자인(모양), 치수, 색깔, 좋고 나쁨, 현금, 카드결제 등
⑨ 스포츠(체육)와 운동: 운동 종목, 경기, 훈련, 헬스, 스포츠 정신 등

⑩ 의료와 건강: 병원 정보, 의료진, 질병, 증상, 진료, 치료, 검진(검사), 병의 원인, 개인위생, 불량 습관, 건강관념 등

⑪ 문화와 명절: 전통 명절, 풍속습관(풍습), 축하 방식(경축 방법) 등

⑫ 감정과 태도: 슬픔, 즐거움, 반대, 지지, 소극적, 적극적 등

⑬ 기타: 국가, 도시, 지리적 명승지, 동물원, 과학발전, 경제 등

2 문제풀이 테크닉

1. 먼저 제시된 문제 문장을 보며 주어·술어·목적어를 표시해 두고 녹음의 '어떤 사람이 무슨 일을 했다(什么人做了什么事)'와 대응시켜 본다. 듣기가 시작되기 전에 문장 중의 동사, 명사, 대명사, 수량사, 형용사 등의 핵심 단어를 기억해 둔다. 동시에 문장의 숨겨진 뜻도 이해해두면 녹음 중의 핵심정보를 비교적 쉽게 파악할 수 있고 문제 풀이에 도움이 될 것이다.

예제 1

参加会议后，我陪父母去上海玩儿了两三天，然后我们就回日本去了。	회의 참가 후에, 나는 부모님을 모시고 상하이로 가 며칠 여행을 하고, 그런 다음 우리는 일본으로 돌아갔다.
★ 他父母没去过上海。　（　　）	★ 그의 부모님은 상하이에 가 본 적이 없다.

해설 정답은 ×이다.

제시된 문장에서 '他 父母 没 去过 上海'라고 했으므로 밑줄 친 핵심 단어를 가지고 녹음을 듣는다. 녹음 중에 '我陪父母去上海'라고 했으므로 '父母'와 '去上海'와 대응시킬 수 있다. 문제에는 부정부사 '没'를 추가했으므로 부정의 의미로 문장 전체 의미가 바뀌었다. 이는 녹음과 상반되는 의미이므로 문제는 일치하지 않는 것이다.

예제 2

我这次来北京，只能住三天，所以我只能选择一两个最有名的地方去看看，以后有机会再去别的地方。	나는 이번에 베이징에 와서 3일밖에 지낼 수 없다. 그래서 난 가장 유명한 한두 군데만 선택해 가서 보고, 이후에 기회가 되면 다른 곳을 다시 가 볼 것이다.
★ 他来北京会去很多地方。（　　）	★ 그는 베이징에 와서 아주 많은 곳에 갈 것이다.

해설 정답은 ×이다.

제시된 문장에서 '他 来 北京 会 去 很多地方'이라고 했는데, 녹음의 '我这次来北京'은 '他'와 '北京'과 대응된다. 그러나 뒷부분에서 '只能住三天'과 '只能选择一两个最有名的地方去看看'이라고 했으므로 문제의 '很多地方'과 모순된다. 따라서 문제와 녹음은 일치하지 않는다.

2. 중국어에는 **같은 의미를 다른 형식을 사용해 표현하는 방식**이 있다. 예를 들어, 어떤 것은 유의어를 사용하거나, 어떤 것은 다양한 부정형식(이중부정은 곧 긍정임)을 사용하기도 한다. 어떤 때는 녹음의 내용과 정답의 형식이 다르지만 의미는 같은 경우가 있다. 이때는 제시된 문장의 의미와 녹음의 내용이 같은 것을 고르면 된다.

예제 1

学校的后边有一座小山，放学后，同学们经常高高兴兴地一起唱着歌爬上山去。	학교 뒤편에 작은 산이 하나 있는데, 방학이 되면 학우들은 자주 즐겁게 같이 노래를 부르면서 이 산을 오른다.
★ 同学们一边爬山一边唱歌。(　　　)	★ 학우들은 산을 오르면서 노래를 한다.

해설 정답은 ✓이다

'同学们一边爬山一边唱歌'에서 '一边……一边……'의 의미는 동시에 두 가지 혹은 여러 가지 일을 한다는 의미이다. 녹음 중 언급된 '唱着歌爬上山去'는 비록 제시된 문제 문장과 형식은 다르지만 의미는 같다. 두 문장 모두 노래와 등산을 동시에 한다는 의미이므로 일치한다.

예제 2

我以前以为北京话就是普通话，到北京两年后，我才发现不是这样的。	나는 예전에는 베이징어가 표준어인 줄 알았는데, 베이징에 온 지 2년이 되어서야, 비로소 그렇지 않다는 사실을 발견했다.
★ 北京话和普通话是相同的。(　　　)	★ 베이징어와 표준어는 같은 것이다.

해설 정답은 ✗이다.

'我以前以为北京话就是普通话'에서의 '以为'는 응시생에게 문장 뒷부분에는 '我(나)'의 원래 생각과는 다른 상황이 있을 것이라는 걸 환기시켜 준다. 뒷부분에서 '才发现不是这样的'라고 했으므로 나의 원래 생각이었던 '北京话就是普通话'는 틀린 것이 되는 것이다. 이는 또한 베이징어와 표준어가 같지 않다는 것을 의미하기 때문에 일치하지 않는다.

3. 녹음 중의 부사, 개사, 접속사 등에 주의한다. 자주 출제되는 단어로는 '虽然', '但是', '为了', '不但', '还', '而且', '因为', '所以', '也', '都', '特别', '如果', '除了', '根据', '关于' 등이 있다. 이 단어들이 있는 문장 내용이 정답에 영향을 끼치기 때문에 주의해 들어야 한다.

예제 1

每次坐火车前，周明都会去超市买一些东西，除了面包、水果，他还会买一些报纸。	매번 기차를 탈 때, 저우밍은 마트에 가서 물건을 좀 사는데, 빵과 과일을 제외하고 신문도 사곤 한다.
★ 周明坐火车时喜欢看报纸。（　　　）	★ 저우밍은 기차를 탈 때 신문 보는 걸 좋아한다.

해설　정답은 ✓이다
이 문제는 '除了……还……'의 격식을 시험하는 문제이다. 저우밍이 기차를 탈 때 먹을 것을 사는 걸 '제외하고(除了)', '또한(还会)' 신문을 산다는 것은, 그가 기차를 탈 때 신문 보기를 좋아한다는 걸 추측할 수 있도록 해준다. 따라서 녹음과 제시된 문장은 일치한다.

예제 2

我一直很喜欢小动物，像小猫、小狗，我都喜欢。如果以后我能有自己的小狗，我一定好好儿照顾它。	나는 줄곧 고양이나 강아지 같은 작은 동물들을 모두 좋아한다. 만약 나중에 내가 나만의 강아지를 갖게 된다면, 나는 반드시 아주 잘 돌볼 것이다.
★ 他现在有一只狗。（　　　）	★ 그는 지금 강아지 한 마리가 있다.

해설　정답은 ✕이다.
녹음 중의 '如果以后我能有自己的小狗'은 지금은 아직 없다는 말이다. '如果' 뒤에 오는 내용은 일반적으로 가설이기 때문에 문제와 녹음이 일치하지 않는다.

3 연습문제 30문항

듣기 제2부분 연습문제를 문제풀이 가이드와 테크닉을 잘 숙지하여 집중해 풀어 보자. 한 번에 풀기보다는 실제 시험처럼 10문항씩 3회차로 나누어 풀 것을 권장한다.

第1—30题

第1—10题

1. ★ 他和爱人都很喜欢旅游。 (　　　)

2. ★ 他今天吃了两碗饭。 (　　　)

3. ★ 他父母没去过上海。 (　　　)

4. ★ 他不习惯北京的天气。 (　　　)

5. ★ 他不会用筷子。 (　　　)

6. ★ 同学们一边爬山一边唱歌。 (　　　)

7. ★ 老张在图书馆工作。 (　　　)

8. ★ 他现在有一只狗。 (　　　)

9. ★ 他和姐姐每周都见面。 (　　　)

10. ★ 爬山不是运动。 (　　　)

第11—20题

11. ★ 说话人周末要考试。 （　　　）

12. ★ 他打算发邮件解决问题。 （　　　）

13. ★ 用手机能做很多事情。 （　　　）

14. ★ 雨季要来了。 （　　　）

15. ★ 电影院离路口很远。 （　　　）

16. ★ 他没有读过大学。 （　　　）

17. ★ 他的病还没好。 （　　　）

18. ★ 小李下周去开会。 （　　　）

19. ★ 教室里没有人。 （　　　）

20. ★ 事情会突然变化。 （　　　）

第21—30题

21. ★ 他向同学借铅笔。 （　　　）

22. ★ 他们马上要出门。 （　　　）

23. ★ 有一个孩子没能参加音乐节。 （　　　）

24. ★ 弟弟打算一个人去旅游。 （　　　）

25. ★ 说话人下午要和老师见面。 （　　　）

26. ★ 公司发邮件告诉他后天开始上班。 （　　　）

27. ★ 他的帽子坏了。 （　　　）

28. ★ 他住在机场附近的宾馆。 （　　　）

29. ★ 现在街道上有活动。 （　　　）

30. ★ 他想让人开空调。 （　　　）

정답과 듣기 스크립트는 부록에서 확인할 수 있습니다.
해설은 해설집 PDF 11p에 있습니다.

제3·4부분   대화를 듣고 보기에서 답 선택하기

1   문제풀이 가이드

실제 HSK 시험에서 이 부분은 모두 20문제로, 21번부터 40번까지이다. 이 부분의 시험문제는 모두 두 사람의 대화로 이루어져 있으며, 두 사람을 제외한 또 다른 사람(제3자)이 문제를 출제한다. 응시생은 세 가지 보기 중 정답에 알맞은 보기를 고르면 된다.

→ 예를 들어, 21번 문제에서 응시생은 이러한 대화를 듣게 된다.

男: 小王，帮我开一下门，好吗？谢谢！

女: 没问题。您去超市了？买了这么多东西。

问: 男的想让小王做什么？

응시생은 문제지의 21번 문제번호 뒤로 A·B·C 세 개의 보기를 보게 될 것이다. 응시자는 가장 적절한 답안을 선택해 답안지의 상응하는 알파벳에 표기한다.

> **이 부분의 답을 찾는 연습을 할 때 중요한 것은 다음과 같다.**
> ❶ 먼저 보기의 내용을 읽고, 대화하는 사람들의 화제를 파악한다.
> ❷ 만약 시간이나 장소 등 중요정보를 들었다면, 즉시 기록해 잊지 않도록 한다. 이것들이 문제의 답안일 수 있다.
> ❸ 대화하는 사람들의 목적이나 태도 등을 이해한다.

Tip

실제 HSK 시험에서 이 부분의 문제는 21번부터 40번까지로, 듣기 부분의 제3·4부분에 해당한다. 모든 문제는 두 번씩 들려주는데, A·B·C 세 개의 보기 중 정답을 고르면 된다. 제3부분인 21-30번은 짧은 대화(남녀 각 한 번씩 대화)에 문제 하나이고, 제4부분인 31-40번은 긴 대화(남녀 각 두 번씩 대화)로 약 4-5개의 문장이며 문제는 하나이다.

질문의 형식은 대략 아래의 몇 가지가 있다.

① …在做什么？
② …可能在哪里／从哪里来／到哪里去？
③ …怎么了？
④ …是谁？
⑤ …什么时候／几点了？ (시간을 물음)
⑥ …花了多少钱？

⑦ …什么意思？
⑧ …觉得怎么样？ (태도와 감정을 물음)
⑨ …是做什么的？ (직업과 업무를 물음)
⑩ 为什么…？ (원인을 물음)
⑪ 哪个…正确/错误？

문제풀이 테크닉

1. 짧은 대화 문제에서는 특히 두 번째로 말하는 사람의 대답에 유의해야 한다. 긴 대화 문제라면 두 번째로 돌아오는 대화의 내용에 집중한다. 보기항에 녹음의 내용과 일치하는 내용이 나오면 답이 된다. 이러한 핵심 문장들은 정확한 답을 선택하는 데 비교적 중요한 역할을 한다.

예제 1

女：今天电梯坏了，我只能爬楼梯了。 男：公司怎么还没把电梯修好？办公室在十层啊！ 问：办公室在几层？	여: 오늘 엘리베이터가 고장 나서, 계단으로 올 수밖에 없었어. 남: 회사는 어째서 아직도 엘리베이터를 고치지 않는 거야? 사무실이 10층에 있는데! 문: 사무실은 몇 층에 있나요?
A 8层　　　　B 9层　　　　C 10层	A 8층　　　　B 9층　　　　C 10층

해설　정답은 C이다.
키워드는 '十'로 사무실은 10층에 있다.

예제 2

女：你喜欢踢足球吗？ 男：我很少踢足球，但是我喜欢看足球比赛。 问：男的是什么意思？	여: 당신은 축구하는 걸 좋아하나요? 남: 나는 축구는 잘 안 해요, 하지만 축구경기를 보는 걸 좋아하죠. 문: 남자 말의 의미는?
A 喜欢看球赛 B 喜欢打篮球 C 喜欢参加比赛	A 축구경기 보는 걸 좋아한다 B 농구하는 걸 좋아한다 C 경기에 참가하는 걸 좋아한다

해설　정답은 A이다.
접속사 '但是'는 전환을 나타낸다. '但是'의 뒷부분에서 '我喜欢看足球比赛'라고 말했다.

예제 3

男: 这个冰箱太旧了，我们买个新的吧。	남: 이 냉장고는 너무 낡았어요. 우리 새걸로 바꿔요.
女: 同意。去年我就跟你说应该换一个新的了。	여: 동의해요. 작년에 내가 당신에게 새걸로 바꿔야 한다고 말해야 했어요.
问: 关于冰箱，女的希望怎么样?	문: 냉장고에 대해, 여자는 어떻게 하길 바라나요?
A 买个新的 B 买个贵的 C 先借一个	A 새것을 사는 것 B 비싼 것을 사는 것 C 먼저 하나 빌려 보는 것

해설 정답은 A이다.
키워드는 '同意'이다. 여자의 의견 역시 '买个新的'임을 알 수 있다.

예제 4

女: 休息一下吧，我现在腿也疼，脚也疼。上来的时候我怎么没觉得这么累?	여: 좀 쉬어요, 저 지금 다리도 아프고 발도 아파요. 올라올 때는 어째서 이렇게 힘들지 않았죠?
男: 上山容易下山难，你不知道?	남: 등산은 쉽지만 하산은 어렵죠, 몰랐어요?
问: 他们正在做什么?	문: 그들은 지금 무엇을 하고 있나요?
A 上网　　　B 爬山　　　C 游泳	A 인터넷　　　B 등산　　　C 수영

해설 정답은 B이다.
핵심 정보는 속담 '上山容易下山难'이다. 이 속담으로 그들이 등산을 하고 있음을 알 수 있다.

2. **핵심문장에 집중한다.** 첫 번째 문장은 일반적으로 대화의 주제이며, 특히 듣기 제3부분의 31-40번의 긴 대화 유형의 경우 더욱 그렇다. **두 번째 문장과 맨 마지막 문장은 질문이** 되는 경우가 많다.

<u>예제 1</u>

男：你的行李重吗？我送你去火车站怎么样？ 女：没关系，行李不是很重，我一个人就能拿。 男：你打算怎么去？ 女：我打算坐地铁去。 问：女的打算怎么去火车站？	남: 당신 짐이 무거워요? 내가 기차역까지 데려다 줄게요, 어때요? 여: 괜찮아요, 짐도 무겁지 않고, 혼자서도 들 수 있어요. 남: 어떻게 가려고 하나요? 여: 지하철을 타고 가려고 해요. 문: 여자는 어떻게 기차역에 가려고 하나요?
A 骑自行车 B 坐地铁 C 坐出租车	A 자전거를 타고 B 지하철을 타고 C 택시를 타고

해설 정답은 B이다.
핵심문장은 '我打算坐地铁去'이다.

<u>예제 2</u>

男：我帮您拿行李吧。 女：好的，谢谢你。那个蓝色的是我的。 男：哪个是您的？ 女：右边那个最大的，蓝色的，上面有我的名字。 问：女的的行李箱是什么样的？	남: 내가 짐 드는 것 도와줄게요. 여: 좋아요, 고마워요. 저 파란색이 제 거예요. 남: 어떤 게 당신 건가요? 여: 오른쪽의 그 제일 큰 것이요, 파란색이고, 위에 제 이름이 있어요. 문: 여자의 캐리어는 어떻게 생겼나요?
A 很矮　　　B 很大　　　C 黄色的	A 작다　　　B 크다　　　C 노란색이다

해설 정답은 B이다.
각각 '最大的'와 '蓝色的'를 제시한 두 번째 문장과 맨 마지막 문장 모두 핵심문장이다.

---

3. 정답이 불확실한 경우, **A·B·C 세 가지 선택지의 내용을 비교해 본다**. 녹음 중에 쉽게 어떤 보기의 내용이 들린다면, 정답이 아닌 경우가 많다. 들리지 않는 보기가 오히려 녹음 내용과 논리적인 관계가 있어 정답일 가능성이 높다.

예제 1

男：服务员，我房间里的灯坏了。 女：好的，先生，我马上让人来换一个。 问：他们最可能在哪里？	남: 종업원, 제 방의 등이 고장 났어요. 여: 알겠습니다, 선생님. 제가 바로 사람을 보내 바꾸라고 하겠습니다. 문: 그들은 어디 있을 가능성이 가장 높나요?
A 教室　　　　B 机场　　　　C 宾馆	A 교실　　　　B 공항　　　　C 호텔

해설　정답은 C이다.
　　　녹음의 내용에는 어떠한 보기도 출현하지 않지만, 핵심 단어는 '服务员'과 '房间'이므로 그들이 호텔에 있음을 추측할 수 있다.

예제 2

男：老师，我可以进来吗？ 女：你今天为什么又迟到了？ 男：对不起，老师。下次不会了。 女：这句话你已经说过很多次了。 问：老师最后说的是什么意思？	남: 선생님, 저 들어가도 될까요? 여: 너 오늘 왜 또 지각했니? 남: 죄송해요, 선생님. 다음에는 안 그럴게요. 여: 이 말을 너는 이미 여러 번 한 것 같은데. 문: 선생님이 마지막에 한 말은 무슨 뜻인가요?
A 老师相信他 B 老师不相信他 C 他可以进来	A 선생님은 그를 믿는다 B 선생님은 그를 믿지 않는다 C 그는 들어올 수 있다

해설　정답은 B이다.
　　　질문이 '老师最后说的是什么意思?'이기 때문에 선생님과 관련된 내용을 선택해야 한다. 남자가 여러 번 지각하지 않겠다고 말했지만 오늘 또 지각했으므로, 선생님은 그를 믿지 않으며 즉, 녹음 중 출현하지 않았던 B가 정답이 되는 것이다. C는 녹음의 내용과 완전히 무관하다.

듣기

듣기 제3·4부분 연습문제를 문제풀이 가이드와 테크닉을 잘 숙지하여 집중해 풀어 보자. 한 번에 풀기보다는 실제 시험처럼 제3부분 10문항, 제4부분 10문항씩 3회차로 나누어 풀 것을 권장한다.

第1—60题

短对话1—30题

1. A 她看不清楚　　　　B 她有一个问题　　　　C 她是老师

2. A 他很想聊天儿　　　B 他睡不着　　　　　　C 他不愿意现在聊天儿

3. A 三点半开始　　　　B 已经开了一小时　　　C 还没结束

4. A 不喜欢吃蛋糕　　　B 最近胖了　　　　　　C 身体不舒服

5. A 8层　　　　　　　B 9层　　　　　　　　　C 10层

6. A 饭馆儿　　　　　　B 银行　　　　　　　　C 机场

7. A 他去过北京　　　　B 他想去北京　　　　　C 他可能会去北京

8. A 不太好　　　　　　B 很一般　　　　　　　C 非常好

9. A 他没参加考试　　　B 他考得很好　　　　　C 考试不难

10. A 红的　　　　　　　B 白的　　　　　　　　C 黑的

11. A 成绩很好　　　　　B 总玩儿游戏　　　　　C 经常迟到

12. A 结婚了　　　　　　B 很漂亮　　　　　　　C 很瘦

13. A 去外地　　　　　　B 见朋友　　　　　　　C 看电影

14. A 太贵了　　　　　　B 不清楚　　　　　　　C 没声音

15. A 老师和学生　　　　B 妈妈和儿子　　　　　C 爸爸和女儿

16. A 公园　　　　　　　B 车站　　　　　　　　C 饭馆儿

17. A 办公室　　　　　　B 宾馆　　　　　　　　C 机场

18. A 春节　　　　　　　B 中秋节　　　　　　　C 文化节

19. A 他吃得多　　　　　B 他不常锻炼　　　　　C 他不怕变胖

20. A 28 岁　　　　　　　B 30 岁　　　　　　　　C 32 岁

21. A 起晚了　　　　　　B 刷牙太慢　　　　　　C 穿衣服太慢

22. A 妈妈和儿子　　　　B 服务员和客人　　　　C 夫妻

23. A 锻炼　　　　　　　B 买衣服　　　　　　　C 上网

24. A 公园　　　　　　　B 体育馆　　　　　　　C 银行

25. A 一年　　　　　　　B 不到一年　　　　　　C 一年多

26. A 买面包　　　　　　B 买米　　　　　　　　C 做早饭

27. A 她的新邻居　　　　B 她的老朋友　　　　　C 她的新老师

28. A 今天星期一　　　　B 今天星期天　　　　　C 明天星期天

29. A 机场　　　　　　　B 公司　　　　　　　　C 国外

30. A 不用马上回邮件　　B 今晚必须回邮件　　　C 她没收到邮件

31. A 老师相信他　　　B 老师不相信他　　　C 他可以进来

32. A 苹果　　　B 香蕉　　　C 苹果和香蕉

33. A 1 天　　　B 2 天　　　C 3 天

34. A 宾馆　　　B 图书馆　　　C 电影院

35. A 骑自行车　　　B 坐地铁　　　C 坐出租车

36. A 护照　　　B 手表　　　C 信用卡

37. A 15 岁　　　B 19 岁　　　C 25 岁

38. A 妈妈　　　B 弟弟　　　C 她自己

39. A 上衣　　　B 鞋子　　　C 裤子

40. A 参加工作会议　　　B 看电视节目　　　C 听音乐会

41. A 把包打开　　　B 把包拿走　　　C 把包还回去

42. A 男的先出门　　　B 女的不高兴　　　C 男的没关灯

43. A 上网聊天儿了　　　B 去医院了　　　C 看电视了

44. A 不在家　　　B 在准备考试　　　C 不想吃饭

45. A 老师　　　B 学生　　　C 校长

46. A 图书馆　　　　　B 商店　　　　　C 银行

47. A 鱼　　　　　　　B 羊肉　　　　　C 西瓜

48. A 手机　　　　　　B 房子　　　　　C 裤子

49. A 非常聪明　　　　B 没写作业　　　C 没认真听课

50. A 对身体不好　　　B 没有好节目　　C 时间太晚了

51. A 汉语老师　　　　B 大学生　　　　C 司机

52. A 有比赛　　　　　B 要考试　　　　C 感兴趣

53. A 很安静　　　　　B 会跳舞　　　　C 很热情

54. A 新开的超市　　　B 男的的衬衫　　C 女的的弟弟

55. A 出租车上　　　　B 商店　　　　　C 饭馆儿

56. A 书上没有她的名字　B 她的书比较旧　C 颜色不一样

57. A 文化节　　　　　B 学生会　　　　C 运动会

58. A 女的做了蛋糕　　B 他们要去看电影　C 他们晚上7点见面

59. A 自己租的房子　　B 中国人家里　　C 学校宿舍

60. A 医院　　　　　　B 银行　　　　　C 超市

정답과 듣기 스크립트는 부록에서 확인할 수 있습니다.
해설은 해설집 PDF 18p에 있습니다.

2. 독해 📖

독해는 제1,2,3부분으로 이루어져 있으며, 각 10문제씩 총 30문제이다. 응시자는 시간 확인을 잘 해서, 해당 시간 안에 모든 문제를 풀 수 있도록 해야 한다. 문제를 풀 때는 아래와 같이 풀도록 하자.

① 독해 제1부분은 보기와 문제에 제시된 문장들로 대화의 상하문을 맞추는 유형으로, 보기와 문제 간의 연결고리를 찾는 것이 중요하다.

② 독해 제2부분은 보기에 제시된 단어를 적절한 문맥 안에 넣는 유형으로, 이 부분에서 가장 중요한 것은 보기로 제시된 단어의 의미와 품사를 파악하는 것이다.

③ 독해 제3부분은 제시된 지문에 대한 알맞은 대답을 A·B·C 세 가지 보기 중에 고르는 유형으로, 이 부분에서는 우선 질문을 먼저 확인하고 보기를 파악하는 것이 중요하다.

제1부분 상응하는 문장 고르기

1 문제풀이 가이드

실제 HSK시험에서 이 부분은 모두 10문제로, 41번부터 50번까지이다. 이 부분의 시험문제는 모두 대화의 짝을 맞추는 문제로, 대화의 상하문을 잘라놓은 것이다. 응시생은 문제에 제시된 문장에 근거해 보기 중 그 문장의 상하문을 찾아내면 된다.

→ 예를 들어 41번 문제에서 응시생은 이러한 문제를 보게 된다.

你知道怎么去那儿吗?   (   )

문제의 윗부분에 5개의 보기가 있다.

A 爷爷教了我很多次。

B 做作业遇到不会的词语时，你用铅笔在旁边记一下。

C 我还以为你忘了呢，你真好！

D 决定了没? 去还是不去?

E 当然。我们先坐公共汽车，然后换地铁。

응시생은 5개의 보기 중 제시된 문제와 짝이 맞는 상하문을 고른 다음 답안을 문제 뒤쪽의 괄호 안에 써넣으면 된다.

독해 제1부분의 답을 찾는 연습을 할 때 중요한 것은 다음과 같다:

❶ 융통성있게 소거법 등의 문제풀이 방법을 사용하여 정답을 찾아낸다.

❷ 문제를 읽을 때, 같은 주어 혹은 관련된 단어를 가지고 상하문의 짝을 맞춘다.

❸ 문장 안의 핵심어구에 집중한다.

Tip

HSK 3급 독해의 제1부분은 41번부터 50번에 해당하며, 두 부분으로 나뉜다. 각 부분은 10개의 문장으로 구성되어 있으며 응시생은 짝이 맞는 문장을 찾아내면 된다. 주의해야 할 점은, 제시된 보기 문장(A/B/C/D/E)은 대화의 첫 번째 문장일 수도 있고 질문하는 문장일 수도 있으며 두 번째 혹은 대답하는 문장일 수도 있다. 이 외에도 문장의 화제가 매우 다양하기 때문에 문장 간의 관계 역시 각양각색이다. 대체로 아래와 같이 분류할 수 있다.

1. 화제

① 인사, 작별, 감사, 사과, 환영, 요구, 부탁, 문의, 건의, 감탄, 감정과 관점, 일깨움, 충고, 위로, 격려 등

② 개인정보: 이름, 주소, 가족, 취미, 능력 등

③ 시간 표현: 분, 시, 일(天), 주, 일(日), 월, 년, 일자(号), 과거, 미래 등

④ 간단한 묘사: 날씨, 방향, 크기, 옳고 그름, 기분, 색깔 등

⑤ 숫자 표현: 수량, 순서, 연령 등

2. 논리 관계

① 원인 설명

② 강조 표현

③ 정도와 빈도 표현

④ 전환 표현

⑤ 점층(점진) 표현

⑥ 비교하기

2 문제풀이 테크닉

1. 각 문장의 핵심 단어를 표기하고 단어의 중복(재출현), 화제와의 연관 등을 활용해 대응하는 문장을 찾아낸다.

2. 문제의 난이도 순서에 따라 문제를 푸는 것이 좋다. 쉬운 문제를 먼저 푸는데, 소거법을 활용하여 상관없는 문장에 표기해 둔 뒤 문장과 보기를 비교하여 짝을 이루는지 확인한다. 맨 마지막에 검토를 한 번 하여 문장끼리 정확하게 대응하는지 본다.

3. '也', '还', '再/又' 및 대명사 '他/她/它', '那', '这' 등의 키워드에 집중한다. '不但…而且…', '是…还是…', '或者…或者…' 등의 문형은 평소에 많이 경험해 어법적인 지식을 쌓아두는 것이 좋다. 이러한 것들 모두 힌트 역할을 하기 때문이다.

예제 1~5

A 尝尝我做的鱼，这是我第一次自己做菜。 내가 만든 생선요리 먹어봐요, 이건 내가 처음 스스로 만든 요리예요.	
B 你知道怎么去中心公园吗？ 당신 중신공원에 어떻게 가는지 아세요?	
C 我的行李箱忘在出租车上了，怎么办？ 내 캐리어를 택시에 두고 내렸어, 어떡하지?	
D 他们班的节目虽然短，但很有意思。 그들 반의 프로그램은 비록 짧지만, 그러나 매우 재미있다.	
E 我还不太习惯这里的冬天，太冷，而且很干。 나는 여전히 이곳의 겨울에 그다지 적응하지 못했는데, 너무 춥고 게다가 너무 건조하다.	

1. 你还记得那辆车的号码吗？（　　）	당신 아직 그 차 번호 기억해요?
2. 我相信他们应该是这次比赛的第一名。（　　）	나는 그들이 이번 경합의 일등일 거라고 믿는다.
3. 有很多公共汽车都经过那里，你可以看看地图。（　　）	많은 버스가 모두 그곳을 거쳐가니, 당신은 지도를 좀 살펴보면 될 겁니다
4. 我也这么觉得，不过我喜欢下雪，对我来说很新鲜。（　　）	나도 그렇게 생각해요, 하지만 나는 눈 내리는 걸 좋아해서 내게는 아주 신선한 경험이에요.
5. 味道真不错！你可以去开饭馆儿了。（　　）	정말 맛있어요! 당신 식당을 차려도 되겠는데요.

해설

1. 정답은 C이다.
   '那辆车'는 곧 C의 '出租车'를 의미한다. 정보가 재출현했다는 표지이다.

2. 정답은 D이다.
   '他们'이 핵심 키워드이면서 재출현한 정보이다. 이 문제는 키워드가 비교적 적고 난이도
   가 높으므로 가장 마지막에 풀면 좋다.

3. 정답은 B이다.
   '那里'는 앞에 장소가 나왔다는 것을 설명한다. 보기 B에만 장소명사인 '中心公园'이 있
   다. 또한 '怎么去'와 '公共汽车', '地图' 역시 키워드이다.

4. 정답은 E이다.
   '冬天'과 '下雪'는 날씨와 관련된 단어이고, '我也这么觉得'는 이 문장의 앞에 같은 내용
   이 있다는 것을 말한다. 따라서 '我还不太习惯这里的冬天，太冷，而且很干'이라는
   문장인 E가 정답이다.

5. 정답은 A이다.
   '鱼', '做菜'와 '味道', '饭馆儿'은 관련 있는 단어이다. 이 문제는 짝을 맞추기가 비교적 쉬
   우니 먼저 풀도록 한다.

memo

독해 제1부분 연습문제를 문제풀이 가이드와 테크닉을 잘 숙지하여 집중해 풀어 보자. 한 번에 풀기보다는 실제 시험처럼 10문항씩 3회차로 나누어 풀 것을 권장한다.

第1—30题

第1—5题

A 你们怎么才回来?

B 从今天开始，你每天跟我一起锻炼身体吧。

C 你能看清楚前面的汉字吗?

D 我相信她听到你的话一定会很高兴的。

E 你想喝啤酒还是咖啡?

1. 今天路上车特别多，我们开得很慢。 (　　)

2. 你妈妈看起来非常年轻。 (　　)

3. 我也希望跟你一样瘦。 (　　)

4. 谢了，我现在不渴。 (　　)

5. 当然可以，我的眼睛非常好。 (　　)

第6—10题

A 最近天气越来越热，夏天就要来了。

B 你认识你的新邻居吗？

C 你才来北京没多长时间，怎么找到这个地方的？

D 你在看什么节目？有意思吗？

E 我的脚不疼，就不用去医院了吧？

6. 是关于中国历史和文化的，可以学到不少呢。 （   ）

7. 还是去让医生检查一下比较好。 （   ）

8. 我最怕夏天了，一点儿也离不开空调。 （   ）

9. 我们见过几次面，聊过几次天儿。 （   ）

10. 我是不认识路，不过我的手机里有地图。 （   ）

第11—15题

A　我能借你的笔记看看吗?

B　喂，我的自行车坏了，你今天是开车出来的吗?

C　我们都忘记带伞了，怎么办?

D　除了你，没有一个人想去看电影。

E　我去年开始上班，认识了很多新同事。

11. 我们在这里等一会儿吧，雨停了再出去。　　　（　　）

12. 当然可以，明天上课的时候我拿给你吧。　　　（　　）

13. 你们的关系不错吧?　　　（　　）

14. 是的。你在哪儿? 我去找你。　　　（　　）

15. 那大家一起去唱歌怎么样?　　　（　　）

第16—20题

A   王经理，我们找个时间见面吧。

B   好久不见，最近你去哪儿了？

C   我很喜欢跑步，特别是天气好的时候。

D   一想到明天就要考试了，我心里就很紧张。

E   你看，雪停了，外面都是白色。

독
해

16. 好的。到时候我好好儿为您介绍我们公司的电脑。   （   ）

17. 比起跑步，我更喜欢跳舞。   （   ）

18. 天真晴，太阳真好，今天应该没有昨天那么冷了。   （   ）

19. 我和丈夫一起去南京玩儿了，坐飞机去的，很方便。   （   ）

20. 我也是，老师说这次的题会很难。   （   ）

第21—25题

A   我今天下午去国家图书馆，会经过你们学校。

B   我发现这个饭馆儿的菜比学校里的便宜一点儿。

C   关于这件事，我也不是很清楚。

D   这是我去年上学的时候买的一条裙子，今年没法儿穿了。

E   请你告诉大家，下周一是假期，不用上班。

21. 那我去问一下校长吧，我想知道是为什么。   (   )

22. 行，我会给每个人发电子邮件的。   (   )

23. 为什么？你胖了吗？   (   )

24. 我今天没课，你可以来找我，我们一起去喝啤酒。   (   )

25. 对，不但饭菜便宜，而且这里的服务也非常好。   (   )

第26—30题

A　今天怎么没在停车场里看到你的车?

B　我们能换个节目吗?

C　儿子是不是饿了，怎么一直哭?

D　教室人太多了，很多坐在后面的同学听不清老师的声音。

E　你们经理真热情，以后我会常来你们店里买衣服的。

26.　有可能，我去热一杯牛奶给他喝。　　　　　　　　　（　　　）

27.　车被朋友借走了，我是坐地铁来的。　　　　　　　　（　　　）

28.　你不觉得是因为你们说话的声音太大了吗?　　　　　（　　　）

29.　就看这个吧，新闻马上就要开始了。　　　　　　　　（　　　）

30.　谢谢! 您满意就太好了!　　　　　　　　　　　　　（　　　）

정답은 부록에서 확인할 수 있습니다.
해설은 해설집 PDF 37p에 있습니다.

1 문제풀이 가이드

실제 HSK시험에서 이 부분은 모두 10문제로, 51번부터 60번까지이다. 이 부분의 시험문제 중 앞의 5문제는 한두 개의 완정한 문장으로, 뒤의 5문제는 짧은 대화로 이루어져 있다. 문제에는 하나의 빈칸이 있고, 응시자는 상단에 제시된 5개의 보기 중 제시문의 빈칸을 채울 가장 알맞은 단어를 선택하면 된다.

→ 예를 들어 54번 문제를 살펴보자:

她说话的 (   ) 多好听啊!

54번에 대한 보기는 [A 刻 B 双 C 音乐 D 其他 E 声音]이다. 문제로 제시된 문장의 의미에 근거해 문제를 풀면 '声音'이 가장 적당한 보기이므로 E를 선택하면 된다.

독해 제2부분의 답을 찾는 연습을 할 때, 중요한 것은 다음과 같다:

❶ 먼저 보기에 제시된 단어들의 의미와 품사까지 빠르게 파악한다.

❷ 문제로 제시된 문장의 괄호 앞·뒤를 살펴, 괄호 안에 어떤 품사와 성분이 들어가야 하는지 파악한다.

❸ 품사와 문장성분으로 정답이 찾아지지 않는 경우에, 전체 문장을 해석하여 적합한 단어를 선택한다.

❹ 이 부분의 문제는 중국어 단어의 이해와 활용능력을 집중적으로 훈련할 수 있게 해 준다. 여러 번 연습하다 보면 중국어 단어를 이해하는 데 도움이 되고, 단어를 활용하는 능력 또한 향상시킬 수 있다.

Tip

단어를 선택해 빈칸을 채우는 유형은 독해 제2부분의 51번부터 60번에 해당하며, 두 부분으로 나뉜다. 첫 번째 부분의 제시문은 5개의 문장이고, 두 번째 부분의 제시문은 짧은 대화이다. 독해 제2부분은 응시생의 어휘 의미의 이해도와 활용을 시험하기 위함이다.

중국어의 품사는 대략적인 분류에 따라 명사, 동사, 형용사, 대명사, 수사, 양사, 부사, 접속사, 개사, 조사 등으로 나뉘며 이 중 사용 빈도가 비교적 높은 것은 명사, 동사, 형용사, 수사, 양사, 부사이다.

2 문제풀이 테크닉

1. 보기의 단어와 문제 문장의 의미를 이해하여, 핵심 단어와 연결해 필요한 단어를 골라낸다. 대화 형식의 문제는 대화 중 빈칸이 없는 문장에서 찾은 핵심 단어로 문제에 필요한 단어를 찾아낼 수 있다.

2. 단어의 앞뒤 결합관계에 집중한다. 괄호의 앞뒤 단어를 참고하여 필요한 단어를 선택한다. 자주 사용되는 결합관계는 '형용사 + 的 + 명사', '부사 + 동사(동사구)/형용사', '형용사 + 地 + 동사(동사구)' 등이다. 또한 명사와 양사, 수사와 양사, 동사와 명사, 상용구(고정격식)들의 결합관계도 주의해야 한다.

3. 상하문을 연결시켜 연상하는 법을 배워야 한다. 예를 들면 '好听'이라는 단어를 보고 '声音', '歌' 등을 연상할 수 있어야 한다. '两瓶'을 보면 '饮料', '啤酒' 등을, '图书馆'을 보고는 '借书', '还书' 등을 연상해야 한다.

4. 쉬운 문제를 먼저 풀고 어려운 문제를 나중에 푸는 소거법을 활용해야 한다. 먼저 쉽거나 답을 확신할 수 있는 문제를 풀고, 확실한 단어는 선을 그어 표기해 점점 답의 범위를 축소시키며 문제를 푼다.

예제 1~5

A 面包	B 空调	C 搬家	D 附近	E 辆
명 빵	명 에어컨	동 이사하다	장소명사 부근,근처	양 대(차량)

---

1. A: 明晚你有空儿吗? 我想请你去我的新家看看。

   B: 你（　　　）了? 好啊，我一定去。

   A: 내일 저녁에 당신 시간 있나요? 당신을 우리 새집에 좀 초대하고 싶어요.

   B: 당신 （　　　）했나요? 좋아요, 꼭 갈게요.

2. A: 天气太热了! 晚上都没睡好觉。

   B: 还是买个（　　　）吧，花不了多少钱。

   A: 날씨가 너무 덥네! 저녁에 계속 잠을 잘 못자.

   B: （　　　）을 사는 편이 좋겠어, 돈이 얼마가 들든 간에.

3. A: 雨下得越来越大了，我们叫（　　　）出租车吧。

   B: 地铁站就在前面，再走两步就到了。

   A: 비가 점점 많이 내려요, 우리 택시 한 （　　　） 부릅시다.

   B: 지하철역이 바로 앞에 있어요, 몇 걸음만 더 걸으면 도착해요.

4. A: 你在国外天天吃（　　　），还习惯吗？ B: 我学会了自己做菜，想吃什么就做什么。	A: 당신은 외국에서 매일 （　　　）을 먹는데, 습관이 되었나요? B: 저는 스스로 요리하는 걸 배웠어요, 무엇이 먹고 싶으면 그걸 만들면 됩니다.
5. A: 你知道哪儿有中国银行吗？我要去办信用卡。 B: 应该就在（　　　）。等一下，我看看地图。	A: 당신 중국은행이 어디 있는지 아나요? 신용카드 발급하러 가려고요. B: 아마 （　　　）에 있을 거예요. 잠시 기다리세요, 제가 지도를 좀 볼게요.

해설

1. 정답은 C이다.
   대화 중의 '我想请你我的新家看看'은 그가 '搬家'했음을 설명하고, 따라서 '新家'가 있는 것이다.

2. 정답은 B이다.
   너무 더워 저녁에 잠을 잘 못 잤다면, 단어의 연상을 통해 '空调'를 사서 온도를 낮추면 잠을 잘 자게 될 것이다.

3. 정답은 E이다.
   자주 사용되는 양사와 명사의 결합 관계인 '한 대(辆)의 차(车)'이다.

4. 정답은 A이다.
   핵심 단어는 '吃'와 '做菜'이다. 괄호의 앞에는 '吃'가 있으며 명사가 부족하다. 생활에서의 경험에 따르면 '吃面包'가 가장 적합하다. 이 문제는 비교적 간단하므로 먼저 풀어도 좋다.

5. 정답은 D이다.
   핵심 단어는 '哪儿'이다. 대화의 첫 번째 문장에서 '哪儿有中国银行'이라고 했으므로 묻는 것이 장소임을 알 수 있다. D에만 장소명사가 있고, '在附近'은 자주 사용되는 개사구이다.

3 연습문제 30문항

독해 제2부분 연습문제를 문제풀이 가이드와 테크닉을 잘 숙지하여 집중해 풀어 보자. 한 번에 풀기보다는 실제 시험처럼 10문항씩 3회차로 나누어 풀 것을 권장한다.

第1—30题

第1—5题

A 讲	B 满意	C 环境	D 新鲜	E 冰箱

1. 这些面包都是刚做好的，非常（　　　）。

2. 您对我们酒店的服务还（　　　）吗?

3. 这个公园有花有草，（　　　）真不错。

4. （　　　）里的菜放了几天了，已经坏了。

5. 爷爷，再给我（　　　）一个故事吧。

第6—10题

A 担心	B 方便	C 带	D 打算	E 刮

6. A: 你有时间吗? （　　　）和我一起出去一下吗?

   B: 行啊，没问题。

7. A: 外面的风（　　　）得很大，有点儿冷，你多穿点儿衣服。

   B: 我都已经穿上大衣了。

8. A：我该走了，如果太晚回家，我妈妈会（　　　）的。

   B：现在才八点半，再坐一会儿吧。

9. A：周末你（　　　）做什么？

   B：我想和我的朋友一起去黄山，我们很早就想去了。

10. A：好像快要下雨了，你（　　　）伞了吗？

    B：没有。你呢？

第11—15题

| A 照顾 | B 请假 | C 感冒 | D 数学 | E 花 |

11. 北京的春天来了，学校里的（　　　）都开了。

12. 他怎么没来上课，跟老师（　　　）了吗？

13. 这学期的几门课里面，（　　　）最难。

14. 邻居有事外出的时候，他经常帮邻居（　　　）他们的小狗。

15. 你的（　　　）好了吗？还有没有哪里不舒服？

第16—20题

A 面包	B 空调	C 搬家	D 附近	E 辆

16. A：明晚你有空儿吗？我想请你去我的新家看看。

    B：你（　　　　）了？好啊，我一定去。

17. A：这几天太热了！晚上都没睡好觉。

    B：还是买个（　　　　）吧，花不了多少钱。

18. A：雨下得越来越大了，我们叫（　　　　）出租车吧。

    B：地铁站就在前面，再走两步就到了。

19. A：你在国外天天吃（　　　　），还习惯吗？

    B：我学会了自己做菜，想吃什么就做什么。

20. A：你知道哪儿有中国银行吗？我要去办信用卡。

    B：应该就在（　　　　）。等一下，我看看地图。

第21—25题

A 故事	B 聪明	C 电梯	D 遇到	E 接

21. 今天我去医院看医生，（　　　　）我们以前的数学老师了。

22. 你听过那只狗的（　　　　）吗？一年前它就在这个公园里了。

23. 你怎么知道这个时候坐地铁比坐出租车更快？你太（　　　　）了！

24. 飞机几点到？这次我开车去（　　　　）你。

25. （　　　　）坏了，我们是爬楼梯上来的。

第26—30题

| A 突然 | B 关心 | C 习惯 | D 词典 | E 像 |

26. A: 桌上这本（　　　）是谁的?

    B: 我看看，应该是小马的，我见过他用这个查生词。

27. A: 刚才还是晴天，怎么（　　　）变成阴天了?

    B: 你不知道今天会下雨吗?

28. A: 你想吃中国菜还是法国菜?

    B: 都行。来中国这么久了，已经（　　　）吃中国菜了。

29. A: 听说你住院了，现在怎么样了?

    B: 我现在好多了，医生说过两天就能出院了，谢谢你的（　　　）。

30. A: 你跟你妹妹长得真（　　　）!

    B: 大家都这么说，不过她个子比我矮多了。

1 문제풀이 가이드

실제 HSK시험에서 이 부분은 모두 10문제로, 61번부터 70번까지이다. 이 부분의 시험문제는 모두 짧은 단락의 문장으로 이루어져 있으며, 이 문장에 근거해 문제에서는 하나의 핵심 단어 혹은 질문이 출제된다. 응시자는 A·B·C 세 개의 보기 중 질문의 답안 혹은 핵심 단어의 정보와 부합하는 보기를 찾아내면 된다.

→ 예를 들어 5번 문제를 살펴보자:

这次足球比赛让大家的关系变得比以前更好了。比赛结束后，大家一起在学校中间的花园里照了相。

★ 他们在哪里照相?

A 学校里　　　　B 公园里　　　　C 体育馆里

이 문제의 질문은 '他们在哪里照相? '으로 장소와 관련된 어구를 집중해서 살펴본다. 제시문에서 언급된 장소는 '在学校中间的花园里'이므로 정답은 A가 된다.

독해 제3부분의 답을 찾는 연습을 할 때 중요한 것은 다음과 같다:

❶ 먼저 제시되어있는 질문[★표기 되어있는 문장]을 읽고, 의문사를 찾아 무엇을 물어보는 문제인지를 파악한다.

❷ 질문을 숙지한 뒤 아래의 세 가지 보기(A·B·C)를 보고 핵심 단어에 표기한다.

❸ 핵심 단어를 머릿속에 기억하면서 맨 위의 지문을 독해한다. 만약 보기에 출현한 핵심 단어가 보인다면 표기해 놓는 것도 좋다.

❹ HSK 시험에서 이 부분의 시험문제는 주로 문장이나 단락 혹은 절에 대한 이해 능력과 이들 문장·문단·절의 구조를 얼마나 파악했느냐 하는 것을 평가하는 것이다. 응시자는 여러 차례의 연습을 통해 문장구조를 파악하게 되고, 핵심 정보와 핵심 단어·문장부호 등을 통해 문장의 내용을 이해하게 된다.

Tip

독해 제3부분은 61번부터 70번에 해당하며, 시험지에는 10개의 짧은 단락이 제시되어 있다. 각 단락에는 하나의 질문이 있고, 응시생은 A·B·C 세 개의 보기 중 정답을 찾아내면 된다.

이 부분의 연습문제는 주로 많은 양의 연습과 독해를 통해 응시생의 어휘량을 확대하고 독해 능력을 향상시킨다. HSK 3급 시험에서 이 부분의 문제는 주로 응시생의 문장에 대한 이해 능력과 문장구조의 파악 정도를 시험하게 된다. 응시생은 다량의 연습을 통하여 스스로 문장구조를 이해하고 관련 정보 혹은 핵심 단어를 통하여 한 단락의 의미를 파악하도록 노력해야 한다.

2 문제풀이 테크닉

1. 세부류(세부사항류)

독해 중에 세부류 문제는 아주 많은데, 이런 유형은 일반적으로 **제시문에서 바로 답안을 찾을 수 있다**. 먼저 질문과 보기 A·B·C의 내용을 먼저 보고, 보기의 내용을 가지고 제시문을 읽는 동시에 상응하는 핵심 단어를 표기한다. 특히 보기 A·B·C가 제시문에 출현한 그곳을 집중해 읽는다. 이를 통해 제시문과 질문에 가장 적합한 답을 찾아낸다.

예제 1

你能帮我把这本书还给图书馆吗？我借了几个星期了，早就看完了，但是一直没时间去还。	당신 나를 도와 이 책을 도서관에 반납해 줄 수 있나요? 제가 몇 주를 빌렸는데, 진작 다 읽었지만 반납하러 갈 시간이 없었어요.
★ 他想让别人做什么？ A 还钱　　　B 借书　　　C 还书	★ 그는 다른 사람에게 무엇을 하게 하고 싶나요? A 돈 갚기　　B 책 빌리기　　C 책 반납

해설　정답은 C이다.
제시문의 첫 번째 문장 '你能帮我把这本书还给图书馆吗'에서 C가 정답임을 알 수 있다.

예제 2

对我来说，中国的北方人和南方人没有太大的不同，除了他们说的话。我很难听懂南方人说的话，北方人的话就比较容易听懂。	나에게 있어서 중국의 북방인과 남방인은 그들의 말을 제외하면 큰 차이가 없다. 나는 남방인들의 말을 알아듣지 못하고, 북방인들의 말은 비교적 잘 알아듣는다.
★ 他觉得北方人和南方人哪里不同？ A 文化　　　B 习惯　　　C 说话	★ 그는 북방인과 남방인이 어디가 다르다고 느끼는가? A 문화　　　B 습관　　　C 말

해설　정답은 C이다.
제시문의 '除了他们说的话'를 통해 C를 선택해야 함을 알 수 있다.

2. 추론(추리)류

추론류 문제의 보기는 제시문에 출현하지 않는 것이 보통이며, 제시문의 정보를 가지고 추리해 정답을 찾아내야 한다. 추론류 문제는 응시자가 문제의 의미를 이해한 뒤 추측의 과정을 거쳐야 한다. 핵심 단어와 문장 등을 근거로 추리할 수 있으며, 제시문의 정보가 다른 형식으로 바뀌어 보기에 제시되는 경우도 있는데 의미는 변하지 않는다. 또한 '不', '没有', '一定', '都', '还', '只', '也', '几乎', '因为', '所以', '但是', '除了', '突然' 등의 단어에 특히 유의해야 하는데, 이러한 단어들은 어기를 강조하거나 답안을 제시하는 기능을 할 수 있기 때문이다. 예를 들면 '上海每一条街道的名字他几乎都知道'라는 문장에서는 그가 상하이에 대해 아주 잘 알고 있다는 사실을 추리할 수 있다.

예제 1

很多中国人觉得在羊年生孩子不太好。这是一种文化，我就不觉得哪一年出生对孩子有什么影响。	많은 중국인들이 양띠해에 태어난 아이는 좋지 않다고 여긴다. 이것은 일종의 문화인데, 내 생각엔 어떤 해에 태어나든 그것이 아이에게 주는 영향은 없다고 생각한다.
★ 他认为羊年出生的孩子怎么样？ A 不太聪明 B 和其他孩子一样 C 特别有文化	★ 그는 양띠해에 태어난 아이에 대해 어떻게 생각하는가? A 똑똑하지 않다 B 다른 아이들과 같다 C 특히 교양이 있다

해설　정답은 B이다.
'我就不觉得哪一年出生对孩子有什么影响'은 아이가 양띠해에 태어난 것이 별 상관없다고 생각한다는 것이고, 또한 다른 아이들과 다를 바 없다는 걸 의미하므로 정답은 B가 된다.

예제 2

客人离开的时候，中国人一般会说"慢走"或者"路上小心"。在国外，人们可能更经常说"祝你这一天开心"。	손님이 떠날 때, 중국인들은 일반적으로 '천천히 가세요' 혹은 '가는 길 조심하세요'라고 말한다. 외국에서는 사람들이 '즐거운 하루 보내요'라는 말을 더 많이 듣는다.
★ 中国人说"慢走"的意思是什么？ A 再见 B 走慢一点儿 C 注意身体	★ 중국인이 말하는 '慢走'의 의미는 무엇인가요? A 다시 만나(잘 가) B 천천히 걸어요 C 몸 조심해요

해설　정답은 A이다.
'客人离开的时候'의 핵심 단어는 '离开'이므로 정답은 A의 '再见'이 된다.

3. 기타류

❶ 주제(취지)류: 문장의 주요 내용과 이 문장에서 알 수 있는 것에 대해 묻는 문제

❷ 어휘류: 문장에서의 단어(어구)의 사용과 의미에 대한 문제

❸ 세부사항 + 추론류: 세부사항을 묻는 문제와 추론류 문제의 결합 형태

제시문이 비교적 길거나 문제가 어려워 완전히 이해하기 어려울 때는 소거법을 활용해 제시문의 보기와 부합하지 않는 것은 선을 그어 표시해 두고, 맨 마지막에 적당한 답안을 선택한다.

예제 1

现在越来越多的人喜欢用电脑和手机读书。如果你坐地铁，一定能看到有人在用手机看书。跟过去比起来，街边的小书店渐渐少了，因为人们不是在网上买书，就是买电子书，这样更便宜也更方便。	지금 점점 더 많은 사람들이 컴퓨터나 휴대폰을 사용해 책을 읽는다. 만약 당신이 지하철을 타게 되면 반드시 어떤 사람이 휴대폰으로 책을 보는 걸 발견하게 될 것이다. 과거와 비교해 보면, 길가의 노점상 역시 점점 줄어들었다. 인터넷에서 책을 사거나 전자책을 구입하는 사람들이 대부분이기 때문에 더 저렴하고 편리하다.
★ 根据这段话，可以知道什么？ A 越来越多人喜欢读书 B 电子书少了 C 网上买书更方便	★ 지문에 근거하여, 알 수 있는 것은? A 점점 많은 사람들이 책보기를 좋아한다 B 전자책이 적어졌다 C 인터넷에서 책을 사면 더욱 편리하다

해설   정답은 C이다.

'现在越来越多的人喜欢用电脑和手机读书'에서 보기항 A가 맞지 않음을 알 수 있으니 A를 제외한다. '街边的小书店渐渐少了'는 보기항 B의 '电子书少了'의 의미가 아니므로 B도 제외한다. '这样更便宜也更方便'에서 '这样'은 제시문의 '网上买书'와 '买电子书'를 의미하므로 C가 정답이다.

如果你在北京问路，北京人常常会告诉你"向东走"或者"向西走"，而不是"向左"或"向右"。这对许多刚来北京的人来说不容易明白怎么走。	만약 당신이 베이징에서 길을 물으면, 베이징사람들은 자주 '왼쪽으로'나 '오른쪽으로'가 아니라, '동쪽으로 가세요' 혹은 '서쪽으로 가세요'라고 알려줄 것이다. 이것은 베이징에 막 도착한 수많은 사람에게는 어떻게 가야 하는지 쉽게 이해하기 어렵게 만든다.
★ 为什么刚来北京的人不清楚怎么走? A 听不懂北京话 B 北京的路很难走 C 北京人不常说"左右"	★ 왜 막 베이징에 도착한 사람은 어떻게 가는지 정확히 알 수 없나? A 베이징 말을 알아듣지 못해서 B 베이징의 길이 가기 어려워서 C 베이징사람들은 '좌우'를 잘 말하지 않아서

해설   정답은 C이다.

A와 B는 제시문에 전혀 출현하지 않으므로 바로 제외한다. 제시문에서는 베이징 사람들이 습관적으로 '东西南北'라고 하지 '左右'라고 하지 않는다고 말하고 있다.

독
해

memo

독해 제3부분 연습문제를 문제풀이 가이드와 테크닉을 잘 숙지하여 집중해 풀어보자. 한 번에 풀기보다는 실제 시험처럼 10문항씩 3회차로 나누어 풀 것을 권장한다.

第1—30题

第1—10题

1. 你能帮我把这本书还给图书馆吗？我借了几个星期了，早就看完了，但是一直没时间去还。

   ★ 他想让别人做什么？

   A 还钱　　　　　　　　B 借书　　　　　　　　C 还书

2. 我哥哥是出租车司机，这么多年来，他的车几乎到过这个城市的每个地方，所以他对这里非常了解。

   ★ 他哥哥：

   A 骑车上班　　　　　　B 很了解这个城市　　　C 喜欢旅游

3. "张"是我的姓，"美"才是我的名字。中国人习惯把姓放在前面，把名字放在后面，这跟你们国家不一样。

   ★ 中国人的名字：

   A 很难写　　　　　　　B 很简单　　　　　　　C 姓在名字前面

4. 我刚来北京的时候，这儿的环境不是很好，特别是春季，常常刮黄土。后来经过大家的努力，城市干净了，现在我们可以经常看到蓝天白云了。我相信以后这个城市的环境还会越来越好的。

   ★ 北京以前的环境怎么样？

   A 很好　　　　　　　　B 不是很好　　　　　　C 越来越好

5. 我现在工作的地方离家太远了，每天要在路上花很长时间，睡觉的时间太少了，所以我打算把家搬到离公司近一点儿的地方。

    ★ 他打算：

    A 换工作　　　　　　　B 起早一点儿　　　　　C 搬家

6. 对我来说，中国的北方人和南方人没有太大的不同，除了他们说的话。我很难听懂南方人说的话，北方人的话就比较容易听懂。

    ★ 他觉得北方人和南方人哪里不同？

    A 文化　　　　　　　　B 习惯　　　　　　　　C 说话

7. 这次足球比赛让大家的关系变得比以前更好了。比赛结束后，大家一起在学校中间的花园里照了相。

    ★ 他们在哪里照相？

    A 学校里　　　　　　　B 公园里　　　　　　　C 体育馆里

8. 做决定前一定要认真想清楚，但不要花太长时间，因为有时候机会是不会一直在那里等你的。

    ★ 根据这句话，我们应该：

    A 小心选择　　　　　　B 做好准备　　　　　　C 想好就做

9. 我看电视上说，下个月动物园会来两只大熊猫。女儿还没见过大熊猫呢，到时候我们带她去看看吧。

    ★ 他要带女儿去看什么？

    A 马　　　　　　　　　B 鱼　　　　　　　　　C 熊猫

10. 这个帽子是我10岁生日的时候奶奶送给我的礼物，是她自己做的。虽然现在看上去有点儿旧，颜色也变了，但是我还是非常喜欢它。

    ★ 这个帽子：

    A 不是新的　　　　　　B 是朋友送的　　　　　C 是红色的

第11—20题

11. 奶奶要求我们每个月去见她一次，因为她会想我们。她跟我们年轻人不一样，还不会用电脑上网聊天儿。

　　★ 奶奶：

A 会用电脑　　　　　　B 很想他们　　　　　　C 不会聊天儿

12. 经理今天好像不太高兴，因为好几个人都没有完成他们的工作。现在大家都在努力办公。

　　★ 经理为什么不高兴？

A 有人迟到　　　　　　B 有人工作没完成　　　　C 有人工作不认真

13. 她是一个很有名的游泳运动员，不但长得漂亮，而且对别人特别热情，所以大家都非常喜欢她。

　　★ 她是一个怎样的人？

A 奇怪　　　　　　　　B 聪明　　　　　　　　C 热情

14. 我非常喜欢大熊猫，我觉得它们特别可爱，但是我们国家的动物园里没有大熊猫。来中国以后，我一直想去四川看一看大熊猫。这个夏天，我终于有机会去了那里，而且学习、了解了很多关于大熊猫的事情。

　　★ 他是什么时候去看大熊猫的？

A 今年春季　　　　　　B 今年夏季　　　　　　C 去年夏季

15. 你一会儿经过超市的时候，能不能帮我买点儿香蕉？买的时候好好儿看看，选新鲜一点儿的，别跟上次一样，买已经坏了的水果回来。

　　★ 听话人上次买的水果怎么样？

A 太甜　　　　　　　　B 不好吃　　　　　　　C 不新鲜

16. 客人离开的时候，中国人一般会说"慢走"或者"路上小心"。在国外，
    人们可能更经常说"祝你这一天开心"。

    ★ 中国人说"慢走"的意思是：

    A 再见   B 走慢一点儿   C 注意身体

17. 对不起，我们咖啡店里没有洗手间，洗手间在这个办公楼的二层。出了门
    向右走，走十米左右就能看见楼梯了。

    ★ 客人要去哪里？

    A 办公室   B 咖啡店   C 洗手间

18. 才两天没见，你的头发怎么突然变得这么短了？刚才在电梯里，我差一点
    儿没认出你来。

    ★ 听话人的头发现在：

    A 很短   B 很漂亮   C 很长

19. 儿子，你来一下。以后吃完饭就该马上把盘子都拿过去洗干净，放的时间
    长了就不容易洗干净了。

    ★ 根据这段话，可以知道：

    A 他们正在吃饭   B 儿子没洗盘子   C 盘子很干净

20. 这本书是我的一个朋友送给我的，里面讲了很多关于中国的历史故事，非
    常有意思。刚开始我什么也看不懂，现在我的汉语水平提高了不少，这本
    书的故事几乎都能读懂了。

    ★ 这本书：

    A 有很多错字   B 很容易看懂   C 是他朋友送的

第21—30题

21. 很多中国人觉得在羊年生孩子不太好。这是一种文化，我就不觉得哪一年
出生对孩子有什么影响。

★ 他认为羊年出生的孩子怎么样？

A 不太聪明　　　　　　B 和其他孩子一样　　　C 特别有文化

22. 你看到我的护照了吗？昨天我还看见它了，后来就怎么也找不到了。我明
天就要去机场了，现在很着急，你能帮我找找吗？

★ 他在找什么东西？

A 照相机　　　　　　　B 笔记本　　　　　　　C 护照

23. 好久不见，我记得你几乎有半年的时间没来学校了，你生病了吗？欢迎你
回来，有什么地方需要我帮忙的吗？

★ 关于说话人，可以知道什么？

A 病了　　　　　　　　B 很久没来学校了　　　C 比较热情

24. 有些人喜欢同时做两件事情。比如一边做作业一边听音乐，一边吃饭一边
看电视，这些都没关系。可是有时候同时做两件事就很危险，比如一边开
车一边用手机打电话。

★ 下面哪种情况很危险？

A 边做作业边听音乐　　B 边吃饭边看电视　　　C 边开车边打电话

25. 太累了，我想先去睡觉休息一下，等我起来以后，再去找你们可以吗？你
们告诉我时间和见面的地方就行了。

★ 他准备做什么？

A 睡觉　　　　　　　　B 运动　　　　　　　　C 起床

26. 自己一个人在火车站等车的时候，一定要注意看好身上的东西。如果有不认识的人过来跟你说话，应该特别小心。

　　★ 在火车站等车时我们应该：

　　A 带好看的东西　　　　　B 不跟其他人说话　　　　C 特别小心

27. 明天是张老师的生日，同学们买了一个大蛋糕，还准备了花和生日卡片。我们还想给他买一个小礼物。你说，送老师什么好呢？

　　★ 同学们：

　　A 要给老师过生日　　　　B 打算请老师吃饭　　　　C 已经买好了礼物

28. 这双皮鞋多漂亮啊！就给妈妈买这双吧，我相信她穿上一定特别合适，她自己很久都没买过新衣服、新鞋子了。

　　★ 说话人现在最可能在哪里？

　　A 鞋店　　　　　　　　　B 办公室　　　　　　　　C 洗手间

29. 你想和我一起看电视吗？我正在看一个关于四大文明古国的节目，现在正在介绍中国，很有意思的。

　　★ 他正在做什么？

　　A 玩电脑　　　　　　　　B 看电视　　　　　　　　C 介绍中国

30. 我很喜欢旅行，去过中国很多地方。我去过中国北方的城市，那里的冬天冷极了，但是冰灯很漂亮。我也去过中国的南方，那里的环境很好，城市里有山有水，绿树花草，一年四季都跟春天一样。

　　★ 中国南方城市有什么特点？

　　A 冬天很冷　　　　　　　B 环境很美　　　　　　　C 城市很小

정답은 부록에서 확인할 수 있습니다.
해설은 해설집 PDF 49p에 있습니다.

3. 쓰기 ✏️

쓰기 부분은 제1·2부분으로 이루어져 있으며, 총 10문제이다. 응시자는 시간 확인을 잘해서, 해당 시간 안에 모든 문제를 풀 수 있도록 해야 한다. 문제를 풀 때는 아래와 같이 풀도록 하자.

① 쓰기 제1부분은 제시된 단어 혹은 구를 중국어 어순에 맞춰 배열해 완벽한 문장으로 만드는 유형이다. 이 부분에서 가장 중요한 것은 문장의 술어를 찾아내는 것이다. 술어를 찾아 중심에 두고, 그에 대한 주어와 목적어 및 기타 수식성분을 배치해 주면 된다.

② 쓰기 제2부분은 제시된 병음을 보고 빈칸에 알맞은 한자를 적는 유형이다. 병음에 근거해 상응하는 한자를 쓰는 유형에서 반드시 먼저 전체 문장을 모두 읽고, 의미에 따라 맞는 한자를 쓰도록 해야 한다.

제1부분 ▶ 단어를 배열해 문장 완성하기

1 문제풀이 가이드

실제 HSK시험에서 이 부분은 모두 5문제로, 71번부터 75번까지이다. 이 부분의 문제는 문제마다 4~6개 단어 혹은 구가 제시되어 있고, 응시자는 이 단어나 구를 조합하여 매끄러운 문장을 만들어 답안지에 정확하게 쓰면 된다.

⟶ 예를 들어 4번 문제를 살펴보자:

他们　　了　　结婚　　就要

이 문장의 주어는 他们, 술어는 结婚이다. 나머지는 부사어의 성분이므로 '就要……了' 구문을 동사 앞뒤에 배치한다. 따라서 정답은 [他们就要结婚了。]이다.

쓰기 제1부분의 답을 써내는 연습을 할 때 중요한 것은 다음과 같다:
❶ 먼저 문장의 주요(기본)성분을 먼저 찾아두고 소거법을 활용해 단어를 배열하도록 한다.
❷ 순서를 배열하고 난 뒤에는 전체 문장을 두 번 정도 읽어 보고, 특히 정답이라고 확신이 서지 않는 문제는 어감을 느껴본 뒤 최종적으로 답을 선택한다.
❸ 쓰기 제1부분의 연습문제는 중국어의 어순에 대한 훈련에 도움을 줄 수 있다.

실제 HSK시험에서 이 부분은 71~75번까지 모두 5문제이다. 문제마다 몇 개의 단어 혹은 구가 제시되어 있고, 응시자는 이것들을 조합하여 어법 규칙에 부합하는 조리 있는 문장을 만들면 된다.

HSK 3급 시험에서 이 부분의 시험문제는 주로 응시자의 중국어 어순방면의 지식을 시험한다. 따라서 응시자는 이 부분의 문제를 풀 때 조합한 문장이 중국어 어법에 맞는지 잘 확인해야 하고, 더불어 논리적인 관계도 적합한지 확인해 봐야 한다. 문장의 주요성분을 찾아냈다면 문장의 의미를 확정하고, 기타성분을 추가한다. 응시자는 어순을 배열한 뒤에 전체 문장을 소리 내어 읽어보는데, 특히 여전히 확신이 서지 않는 문제들을 읽는다. 어감을 확인해 보고 최종적으로 선택을 마무리한다.

특강! **중국어 문장의 유형**

중국어 문장의 유형은 매우 다양한데, 간단하게 아래와 같이 구분한다.

1. 일반 구문

- 老师带来了新学生。　선생님이 새로운 학생을 데리고 왔다.

2. 특수 구문

① '把'자문 [주어 + (부사 +) 把 + 목적어 + 술어 + 기타성분]

- 我把作业写完了。　나는 숙제를 다 했다.

② 피동문 [주어 + (부사 +) 被/叫/让/给 + 목적어 + 술어 + 기타성분]

- 蛋糕被学生吃完了。　케이크는 학생들에 의해 다 먹혔다.(학생들이 케이크를 다 먹었다)

③ 존현문 [(장소/시간) + 술어 + 사람/사물]

- 楼下有一辆车。　아래층(1층)에 차 한 대가 있다.

④ 비교문 [⋯跟/像/和⋯(不)一样], [⋯比⋯], [⋯不比⋯], [⋯没有⋯(那么/这么)⋯]

- 他没有哥哥那么高。　그는 형만큼 그렇게 크지 않다.

2 문제풀이 테크닉

1. 먼저 문장의 주요성분(주어·술어·목적어)을 조합한다. '누가 무슨 일을 했다'거나 '무엇이 어떻게 됐다'거나 '어디에 무엇이 있다' 등이다.

2. 주요성분을 확정했다면 나머지 어구의 의미와 성질을 분석해 문장의 어떠한 성분에 어울리는지 판단한다.

   ❶ 양사와 명사·동사의 결합구조에 주의한다.

   　一个 + 人/瓶子/杯子/理想/冰箱/鸡蛋/小时/朋友

   　一条 + 裤子/路/船/裙子/河/腿

   　一张 + 桌子/地图/画/信用卡/票/照片

   　一辆 + 公共汽车/自行车/出租车

   　一本 + 词典/书

   　一双 + 筷子/皮鞋

   　一件 + 衣服/事情/衬衫

   　一块 + 西瓜/蛋糕/手表

   　一碗 + 米饭/面条儿

   　一把 + 椅子/伞

   　去过两次

   　哭了一会儿

   　打了/尝了/休息 + 一下

   ❷ 다음 어구가 문장에서 배치될 때의 문장성분을 잘 알아두자.

인칭대명사 '我/你/他', '别人', '自己', '大家' 등	주어, 목적어, 관형어
지시대명사 '这/那'	주어만
'这/那 + 儿/些/样'	주어, 목적어, 관형어
'这/那 + 样'	보어
'这/那 + 个'	관형어
'这/那 + 么'	부사어
의문대명사 '谁', '什么', '多少', '哪儿'	주어, 관형어, 목적어
'怎么'	부사어, 서술어

   ❸ 일반적인 상황에서 '的'는 관형어의 표지(상징)이고, '地'는 부사어의 표지, '得'는 보어의 표지이다. 개사 '对', '关于', '除了', '为了', '在(개사/동사)' 등이 출현한 경우 그 뒤에는 일반적으로 명사나 대명사 혹은 동사구가 오게 되며, 이들이 개사구를 이루어 관형어, 부사어, 보어가 된다. '了'가 출현한 경우 일반적으로 문장 맨 끝 혹은 동사의 뒤에 온다.

3. 문장의 특수구문 여부를 판단한다. 핵심 단어인 '把'나 '被' 등이 있다면 문형의 특징에 맞춰 어구들의 순서를 배열한다.

예제 1

> 周末　　他们　　结婚　　这个

해설 　정답은 [他们这个周末结婚。(주어인 '他们' 강조)], [这个周末他们结婚。(시간표현인 '这个周末' 강조)]이다.
周末(시간명사)　　他们(인칭대명사)　　结婚(동사)　　这个(대명사+양사)
동사를 술어로 정하면 동사인 '结婚'의 주어는 '어떤 사람'인 '他们'이 된다. '这个周末'는 시간을 나타내는 표현이므로 부사어가 될 수 있다. 주어의 앞이나 뒤 모두 배치 가능하다.

예제 2

> 刚　　阿姨　　教室　　完　　打扫

해설 　정답은 [阿姨刚打扫完教室。]이다.
刚(부사)　　阿姨(명사)　　教室(장소명사)　　完(동사)　　打扫(동사)
'阿姨'는 주어, '打扫'는 술어가 되어 '무엇을 한다'는 표현이 된다. 목적어는 명사가 되어야 하기 때문에 '刚、完、打扫' 모두 맞지 않고 '教室'만이 적합하다. 남은 '刚、完' 중 '完'은 자주 동사의 보어로 사용되므로 '打扫'의 뒤에, '刚'은 부사어로 사용되므로 '打扫'의 앞에 배치한다.

예제 3

> 你的名字　　在黑板上　　写　　把

해설 　정답은 [把你的名字写在黑板上。]이다.
你的名字(명사구)　　在黑板上(개사구)　　写(동사)　　把(개사)
'把'가 출현했으니 '把'자구 문형인 '주어 + 把 + 목적어 + 술어 + 기타성분'과 연결시켜 문제를 푼다. 이 문제에는 주어가 없기 때문에 주어를 제외한 나머지 성분들을 배열하면 된다.

예제 4

> 一件　　遇到　　我　　奇怪的事

해설 　정답은 [我遇到一件奇怪的事。]이다.
一件(수량구)　　遇到(동사구)　　我(인칭대명사)　　奇怪的事(명사구)
먼저 동사구인 '遇到'를 찾아 술어로 확정한 뒤, 주어와 목적어를 찾아낸다. '一件'은 자주 '事'를 수식하는 데 사용되므로 이들을 결합해 '一件奇怪的事'를 목적어로 확정하고 '遇到'의 뒤에 배치한다. '我'는 주어이므로 '遇到'의 앞에 배치한다.

쓰기 제1부분 연습문제를 문제풀이 가이드와 테크닉을 잘 숙지하여 집중해 풀어 보자. 한 번에 풀기보다는 실제 시험처럼 5문항씩 3회차로 나누어 풀 것을 권장한다.

第1—15题

1. 选择　　相信　　自己的　　我

2. 公司　　换了　　这家　　经理

3. 一件　　遇到　　我　　奇怪的事

4. 他们　　了　　结婚　　就要

5. 中国　　中秋节　　重要的节日　　是　　一个

6. 衬衫　　漂亮　　这件　　真

7. 这里　　在　　别　　站

8. 我们　　相信　　都　　他的话

9. 考试　　他　　很满意　　成绩　　对

10. 刚　　阿姨　　教室　　完　　打扫

11. 我的家人　　就像　　一样　　他

12. 你的名字　　在黑板上　　写　　把

13. 吃　　只　　一个鸡蛋　　她

14. 站着　　在街上　　他们　　聊天儿

15. 裙子　　好看　　红色的　　这条　　更

정답은 부록에서 확인할 수 있습니다.
해설은 해설집 PDF 58p에 있습니다.

1 문제풀이 가이드

실제 HSK시험에서 이 부분은 모두 5문제로, 76번부터 80번까지이다. 이 부분의 시험문제는 제시된 병음을 보고 문장의 빈 곳에 한자를 채워 넣어 문장을 완성하는 형식이다.

→ 예를 들어, 41번 문제에서 응시자는 이러한 문제를 보게 된다.

guān
没（　　　　）系，别难过，高兴点儿。

응시자는 병음을 보며 문장을 읽고, 괄호 안에 알맞은 한자를 채워 넣으면 된다.

Tip

병음에 근거해 상응하는 한자를 쓰는 유형에서 응시자는 반드시 먼저 전체 문장을 모두 읽고, 의미에 따라 맞는 한자를 쓰도록 한다.

쓰
기

2 문제풀이 테크닉

1. 병음을 정확히 보고 성조에 주의한다. 단지 병음만 보고 적어 실수하지 않도록 한다.

2. 문장의 맥락에 주의하고 괄호 앞뒤의 글자와 단어를 연결해 자주 사용되는 글자를 연상한다. 동음자나 비슷한 모양의 한자를 정확히 구별해 다른 글자로 잘못 쓰지 않도록 주의한다.

3. 쓰기 규범에 따라 정확히 적되, 답안지가 말끔하게 유지되도록 노력한다.(인터넷으로 시험을 응시하는 경우는 반드시 검토하도록 한다.

지금은 많은 응시자가 인터넷으로 시험을 보는 것을 선택하기 때문에, 어느 정도는 쓰기의 오류를 줄일 수 있다. 하지만 여전히 쉽게 혼동되는 글자에 주의해야 한다. 아래에 동음자와 비슷한 모양의 한자를 예로 들어 놓았다.

1. 같은 음(병음)의 글자

a	啊	真美啊	bǎ	把	一把	dì	弟	弟弟
ā	阿	阿姨	ba	吧	好吧	dì	第	第一
de	的	我的				chī	吃	吃饭
de	得	来得早	cháng	常	经常	chí	迟	迟到
de	地	慢慢地走	cháng	尝	尝一尝			
dōng	东	东西	duàn	段	一段	jìn	近	远近
dōng	冬	冬天	duàn	锻	锻炼	jìn	进	进去
qián	前	前面	shēng	生	生气	tā	他	他是男孩
qián	钱	钱包	shēng	声	声音	tā	她	她是女孩
						tā	它	它是小猫
qīng	清	清楚	tī	踢	踢足球	zuò	做	做客
qíng	晴	晴天	tí	提	提高	zuò	作	作业
qǐng	请	请进	tí	题	题目	zuò	坐	坐下
qíng	情	爱情						

2. 비슷한 모양의 글자

yín	银	银行	hē	喝	喝水	cuò	错	错误
yǎn	眼	眼睛	kě	渴	口渴	jiè	借	借口
dà	大	大小				huài	坏	好坏
tiān	天	天空	dòng	动	动物	hái	还	还是
guān	关	关系	yùn	运	运动	huán	环	环境
fū	夫	丈夫						
jì	季	季节	kàn	看	看见	kōng	空	空气
lǐ	李	行李箱	zháo	着	着急	chuān	穿	穿衣服
lǎo	老	老师	líng	零	零点	mǐ	米	米饭
kǎo	考	考试	lěng	冷	冷热	lái	来	来到

míng	明	明天	qiān	干	干万	xià shēn zhí	夏 身 直	夏天 身体 一直
péng	朋	朋友	gān	干	干净			
shéi	谁	谁的书	me	么	什么	kě	可	可是
nán	难	很难	qù	去	去哪儿	sī	司	司机
zhǔn	准	准备						
tǐ	体	体育	jù	句	句子	zhǎo	找	找东西
xiū	休	休息	wèn	问	问题	wǒ	我	我们
			xiàng	向	向来			
			tóng	同	相同			
			jiān	间	时间			
yǐ	已	已经	yīn	阴	阴天	yuè	越	越来越好
jǐ	己	自己	yáng	阳	太阳	chāo	超	超市
qí	其	其实	wàn	万	一万			
zhēn	真	认真	fāng	方	方便			

3. 같은 음(병음) + 비슷한 모양의 글자

chá	茶	喝茶	bào	报	报纸	bái	白	白色
chà	差	差不多	bǎo	饱	吃饱了	bǎi	百	一百
cài	菜	菜单	pǎo	跑	跑步			
dú	读	读书	ér	儿	儿子	gēn	跟	跟着
mǎi	买	买入	jǐ	几	几乎	hěn	很	很好
mài	卖	卖出	jī	机	机场	gēn	根	根据
			jiǔ	九	九个			
			jiǔ	久	很久			
kuài	快	快乐	lán	篮	篮球	ma	吗	好吗
kuài	块	一块	lán	蓝	蓝色	mā	妈	妈妈
kuài	筷	筷子						
mào	冒	感冒	piào	票	门票	xiāng	相	相信
mào	帽	帽子	piào	漂	漂亮	xiǎng	想	想起来
zhù	住	住在	zì	字	字典			
zhù	注	注意	zi	子	杯子			

wàng

虽然我都记得，但是老师问我的时候，我又都（　　　）了。

해설　정답은 忘이다.
앞부분에 '记'가 나왔고, 병음이 wàng이므로 가장 적합한 단어는 '忘'이다. (자주 쓰이는 단어는 忘记가 있다.)

예제 2

huán

这里的（　　　）境不错，街道都很干净。

해설　정답은 环이다.
제시된 병음이 huán이고 괄호 뒤에 '境'이 나왔으므로 '环'이 가장 적합하다. (环境은 자주 사용되는 단어이다.)

예제 3

jié

我最好的朋友下个月就要（　　　）婚了，希望他们幸福快乐。

해설　정답은 结이다.
제시된 병음이 jié이고 괄호 뒤에 '婚'이 나왔으므로 '结'가 가장 적합하다. (结婚은 자주 사용되는 단어이다.)

3 연습문제 15문항

쓰기 제2부분 연습문제를 문제풀이 가이드와 테크닉을 잘 숙지하여 집중해 풀어 보자. 한 번에 풀기보다는 실제 시험처럼 5문항씩 3회차로 나누어 풀 것을 권장한다.

第1—15题

1—15.

1. 关于这个新（ wén ），我想知道你怎么看。

2. 你可以给我介（ shào ）一下你们国家的历史吗?

3. 超（ shì ）马上就要关门了，我们最好快一点儿。

4. 只有多练习，才能提高你的（ lán ）球水平。

5. 这只小（ niǎo ）多么可爱啊!

6. 为了学好汉语，他总是在书包里放着一本（ cí ）典。

7. 谢谢你! 这些菜都太好吃了，我吃得很（ bǎo ）。

8. 他一在会上讲话，脸和（ ěr ）朵就会变得通红。

9. 这本书我（ yǐ ）经看过了，还有没有别的?

10. 这个国家的文化对她的影（ xiǎng ）非常大。

11. 我的头很（　　téng　　），要去看医生。

12. 这几天天气（　　biàn　　）化很大。

13. 那只小鸟的（　　zuǐ　　）是红色的，多可爱啊！

14. 这个（　　jì　　）节容易感冒，大家要注意身体。

15. 她最怕坐（　　chuán　　），一上去就不舒服。还是让她在这儿等我们回来吧，

花不了多长时间的。

memo

PART

2

HSK
실전 모의고사
1회

新汉语水平考试
HSK（三级）
模拟试题（一）

注意

一、　HSK（三级）分三部分：

　　1. 听力（40题，约35分钟）

　　2. 阅读（30题，30分钟）

　　3. 书写（10题，15分钟）

二、　听力结束后，有5分钟填写答题卡。

三、　全部考试约90分钟（含考生填写个人信息时间5分钟）。

一、听力

第一部分

第1-5题

A

B

C

D

E

F

例如： 男：喂，请问张经理在吗？

女：他正在开会，您半个小时以后再打，好吗？   `E`

1.   ☐

2.   ☐

3.   ☐

4.   ☐

5.   ☐

第6-10题

A

B

C

D

E

6. ☐

7. ☐

8. ☐

9. ☐

10. ☐

第二部分

第11-20题

例如：为了让自己更健康，他每天都花一个小时去锻炼身体。

★ 他希望自己很健康。 　　　　　　　　　　　　　　（ ✓ ）

今天我想早点儿回家。看了看手表，才5点。过了一会儿再看表，还是5点，我这才发现我的手表不走了。

★ 那块手表不是他的。 　　　　　　　　　　　　　　（ × ）

11. ★ 现在天气很好。 　　　　　　　　　　　　　　（ 　 ）

12. ★ 他们正在准备饭菜。 　　　　　　　　　　　　（ 　 ）

13. ★ 经常不来上课会影响考试。 　　　　　　　　　（ 　 ）

14. ★ 他把电话号码写在了报纸上。 　　　　　　　　（ 　 ）

15. ★ 这个面试要求穿衬衫。 　　　　　　　　　　　（ 　 ）

16. ★ 下午他在办公室帮忙。 　　　　　　　　　　　（ 　 ）

17. ★ 他很久没见过小学时的数学老师了。 　　　　　（ 　 ）

18. ★ 他看不到电影上的字是因为坐得太远了。 　　　（ 　 ）

19. ★ 他跟朋友是在北京认识的。 　　　　　　　　　（ 　 ）

20. ★ 邻居的妻子是中国人。 　　　　　　　　　　　（ 　 ）

第三部分

第21-30题

例如： 男：小王，帮我开一下门，好吗？谢谢！

女：没问题。您去超市了？买了这么多东西。

问：男的想让小王做什么？

A 开门 ✓ B 拿东西 C 去超市买东西

21. A 睡觉 B 洗澡 C 照顾孩子

22. A 经理 B 校长 C 游客

23. A 太大 B 太短 C 颜色多

24. A 车站 B 飞机场 C 地铁站

25. A 别人送的 B 自己买的 C 同事拿来的

26. A 看书 B 借书 C 还书

27. A 去公司方便 B 可照顾家人 C 工资比较高

28. A 不知道中国画 B 小时候学过画 C 在学中国画

29. A 50岁 B 50多岁 C 70多岁

30. A 空调 B 电脑 C 手表

第四部分

第31-40题

例如： 女：晚饭做好了，准备吃饭了。

男：等一会儿，比赛还有三分钟就结束了。

女：快点儿吧，一起吃，菜冷了就不好吃了。

男：你先吃，我马上就看完了。

问：男的在做什么？

A 洗澡　　　　　B 吃饭　　　　　C 看电视 ✓

31. A 很便宜　　　　B 很好吃　　　　C 很新鲜

32. A 洗衣服　　　　B 打扫房间　　　C 洗盘子和碗

33. A 男的给女的打电话　B 男的在银行工作　C 女的没有信用卡

34. A 蓝色　　　　　B 红色　　　　　C 绿色

35. A 咖啡　　　　　B 啤酒　　　　　C 牛奶

36. A 2个　　　　　B 3个　　　　　C 4个

37. A 学得很快　　　B 没有学会　　　C 练了十几次

38. A 努力的　　　　B 热情的　　　　C 安静的

39. A 他的新家　　　B 同学家　　　　C 同事家

40. A 看笔记　　　　B 查词典　　　　C 问老师

二、阅读

第一部分

第41-45题

A   你觉得汉语难不难学?

B   我喜欢看书、听音乐,你呢?

C   对面的房间跟这个房间一样吗?

D   你们不是八点出发吗? 你怎么还不起床?

E   当然。我们先坐公共汽车,然后换地铁。

F   多谢李医生,我的身体越来越好了。

例如: 你知道怎么去那儿吗?   (E)

41.   不一样,那个房间有空调,比这个贵一点儿。   ( )

42.   我最大的爱好就是旅行。   ( )

43.   王阿姨,今天感觉好点儿了吗?   ( )

44.   对我来说,写汉字比较容易,听和说挺难的。   ( )

45.   现在才七点,不用着急。   ( )

第46-50题

A   尝尝我做的鱼，这是我第一次自己做菜。

B   你知道怎么去中心公园吗？

C   我的行李箱忘在出租车上了，怎么办？

D   他们班的节目虽然短，但很有意思。

E   我还不太习惯这里的冬天，太冷，而且很干。

46.   你还记得那辆车的车牌号吗？   （   ）

47.   我相信他们应该是这次比赛的第一名。   （   ）

48.   有很多公共汽车都经过那里，你可以看看地图。   （   ）

49.   我也这么觉得，不过我喜欢下雪，对我来说很新鲜。   （   ）

50.   味道真不错！你可以去开饭馆儿了。   （   ）

第二部分

第51-55题

A 生气　　B 必须　　C 感兴趣　　D 筷子　　E 声音　　F 到

例如：她说话的（　E　）多好听啊！

51.　　家里来了客人，妈妈从早忙（　　　　）晚，送走了客人才休息。

52.　　他从没来过中国，但是对中国的音乐特别（　　　　）。

53.　　我们准备开饭了，再拿一双（　　　　）过来。

54.　　她一直在自己的房间里不出来，是不是（　　　　）了？

55.　　我给你们三天的时间，（　　　　）把这个问题解决！

A 可爱　　B 除了　　　C 历史　　　D 爱好　　　E 应该　　　F 爬

例如： A：你有什么（　D　）？

B：我喜欢体育。

56. A：这附近的老房子都有几百年的（　　　）了。

B：你对这里这么了解，是不是经常来？

57. A：你怎么不坐电梯上来？

B：我也不想（　　　）楼梯，可是电梯坏了，没办法。

58. A：这只大熊猫真（　　　）！你能帮我跟它拍张照吗？

B：当然。准备好了吗？笑一笑！

59. A：（　　　）打篮球，你还喜欢什么运动？

B：为了锻炼身体，我还经常去跑步，但不是特别喜欢。

60. A：太感谢你了！如果没有你，我真不知道该怎么办才好。

B：不用谢，这都是朋友间（　　　）做的。

第三部分

第61-70题

例如：您是来参加今天会议的吗？您来早了一点儿，现在才8点半。您先进来坐吧。

　　★ 会议最可能几点开始？

　　A 8点　　　　　　　　B 8点半　　　　　　　C 9点 ✓

61. 周末我去中国朋友小王家，我一个人坐了半个小时的公共汽车，按照小王给的地图一边找一边问，终于找到了他家。小王见到我非常高兴。

　　★ 小王家：

　　A 离他家比较远　　　B 离他家很近　　　　C 在他家旁边

62. 假期我想去云南旅行，但是我不想跟父母要钱。我打算用周末的时间去一家电脑公司卖电脑，这样三个月后就能去云南了。

　　★ 为了去旅行，他打算：

　　A 跟家里要钱　　　　B 在周末工作　　　　C 买电脑

63. 陈红的爷爷奶奶都80多岁了，身体不太好。奶奶的眼睛3年前就看不见了，现在爷爷几乎每天都会带她到公园里走走。

　　★ 关于陈红的爷爷奶奶，可以知道什么？

　　A 都80岁了　　　　　B 不能走路了　　　　C 经常去公园

64. 现在越来越多的人喜欢用电脑和手机读书。如果你坐地铁，一定能看到有人在地铁里用手机看书。跟过去比起来，街边的小书店慢慢地少了，因为人们不是在网上买书，就是买电子书，这样更便宜也更方便。

　　★ 根据这段话，可以知道什么？

　　A 爱读书的人越来越多　　B 电子书少了　　　　C 上网买书更方便

65. 今天早上下了小雨，小雨过后天晴了，空气很好。好不容易见到这样的大晴天，大家都很开心，就是风有点儿大。

    ★ 下了雨以后：

    A 天阴了　　　　　　　B 刮风了　　　　　　　C 天凉了

66. 如果你在北京问路，北京人常常会告诉你"向东走"或者"向西走"，而不是"向左"或"向右"。这对许多刚来北京的人来说，不容易明白怎么走。

    ★ 为什么刚来北京的人不清楚怎么走？

    A 听不懂北京话
    B 北京的路很难走
    C 北京人不常说"左右"

67. 回国以前，我要参加汉语考试。考试每个月一次，我还有三次机会可以参加。我打算参加4月的考试，今天是3月9号，还有一个月的准备时间。

    ★ 他在几月参加考试？

    A 3月　　　　　　　　B 4月　　　　　　　　C 5月

68. 中国人跟朋友一起吃饭的时候，常常是一个人出钱，请大家吃饭。刚开始我还不太好意思，现在我也喜欢请我的朋友们吃饭了。

    ★ 中国人跟朋友吃饭时有什么习惯？

    A 一个人吃饭　　　　B 跟很多人一起　　　　C 一个人请大家吃

69. 学校附近有很多饭店和商店，东边还有一个电影院。周末我经常和朋友去那里看电影。

    ★ 电影院在：

    A 学校北边　　　　　B 学校南边　　　　　　C 学校东边

70. 今天是我女朋友的生日，我给她买了一个水果蛋糕，中间一层有很多水果，她喜欢吃甜的，我相信她一定会喜欢这个蛋糕的。

    ★ 他的女朋友：

    A 喜欢吃甜的　　　　B 明天过生日　　　　　C 买了个蛋糕

三、书写

第一部分

第71-75题

例如： 小船　　上　　一　　河　　条　　有

河上有一条小船。　　　　　　　

71. 办公室　　在　　校长　　哪儿　　的

72. 回来　　他　　就　　了　　昨天

73. 忘记　　别　　洗碗　　吃完饭

74. 红色的　　衣服　　那件　　我喜欢

75. 打电话　　再　　有时间　　给你　　我

第二部分

第76-80题

guān
例如：没（　关　）系，别难过，高兴点儿。

76. 虽然我都记得，但是老师问我的时候，我又都（　wàng　）了。

77. 这里的（　huán　）境不错，街道都很干净。

78. 我最好的朋友下个月就要（　jié　）婚了，希望他们幸福快乐。

79. 他刚才（　jiǎng　）的那个故事，我以前好像在哪儿听过。

80. 这（　tiáo　）路比较近，我们从这儿走，10分钟就能到。

정답과 듣기 스크립트는 부록에서 확인할 수 있습니다.
해설은 해설집 PDF 65p에 있습니다.

PART

2

HSK
실전 모의고사
2회

新汉语水平考试
HSK（三级）
模拟试题（二）

注意

一、 HSK（三级）分三部分：

　　1. 听力（40题，约35分钟）

　　2. 阅读（30题，30分钟）

　　3. 书写（10题，15分钟）

二、 听力结束后，有5分钟填写答题卡。

三、 全部考试约90分钟（含考生填写个人信息时间5分钟）。

一、听 力

第一部分

第1-5题

A

B

C

D

E

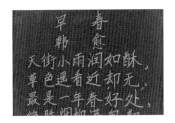

F

例如：男：喂，请问张经理在吗？

女：他正在开会，您半个小时以后再打，好吗？　　　E

1.   ☐

2.   ☐

3.   ☐

4.   ☐

5.   ☐

第6-10题

A

B

C

D

E

6. ☐

7. ☐

8. ☐

9. ☐

10. ☐

第二部分

第11-20题

例如： 为了让自己更健康，他每天都花一个小时去锻炼身体。

    ★ 他希望自己很健康。   （ ✓ ）

今天我想早点儿回家。看了看手表，才5点。过了一会儿再看表，还是5点，我这才发现我的手表不走了。

    ★ 那块手表不是他的。   （ × ）

11.   ★ 这只猫是别人送的。   （　　）

12.   ★ 不能把手机带到学校。   （　　）

13.   ★ 这件事他没做好。   （　　）

14.   ★ 他想买小一点儿的电脑。   （　　）

15.   ★ 周末有一场足球比赛。   （　　）

16.   ★ 他现在很难过。   （　　）

17.   ★ 儿子对新闻感兴趣。   （　　）

18.   ★ 他们正在开会。   （　　）

19.   ★ 她跳舞跳得很累。   （　　）

20.   ★ 今天他们在体育馆里上体育课。   （　　）

第三部分

第21-30题

例如：男：小王，帮我开一下门，好吗？谢谢！

女：没问题。您去超市了？买了这么多东西。

问：男的想让小王做什么？

A 开门　✓　　　　　B 拿东西　　　　　　C 去超市买东西

21.　A 他要换工作　　　B 他要找工作　　　C 他要找房子

22.　A 春节　　　　　　B 清明节　　　　　C 中秋节

23.　A 老师和学生　　　B 服务员和客人　　C 医生和病人

24.　A 他不认真　　　　B 题太难了　　　　C 他没有复习

25.　A 在国外结婚　　　B 学习外语　　　　C 出国留学

26.　A 地铁站　　　　　B 动物园　　　　　C 医院

27.　A 生病了　　　　　B 没来上班　　　　C 没有请假

28.　A 那个城市很远　　B 他去过那个城市　C 他不了解那里

29.　A 看电影　　　　　B 看电视　　　　　C 玩电脑

30.　A 西瓜不好　　　　B 西瓜很甜　　　　C 西瓜很便宜

第四部分

第31-40题

例如：女：晚饭做好了，准备吃饭了。

男：等一会儿，比赛还有三分钟就结束了。

女：快点儿吧，一起吃，菜冷了就不好吃了。

男：你先吃，我马上就看完了。

问：男的在做什么？

A 洗澡　　　　　　B 吃饭　　　　　　C 看电视 ✓

31.　A 三百米　　　　B 三四百米　　　C 三千四百米

32.　A 啤酒　　　　　B 冰　　　　　　C 饮料

33.　A 春天　　　　　B 夏天　　　　　C 秋天

34.　A 她很饿　　　　B 她喜欢吃蛋糕　C 她很瘦

35.　A 讲故事　　　　B 画画儿　　　　C 做游戏

36.　A 开车　　　　　B 走路　　　　　C 坐地铁

37.　A 女的要换工作了　B 女的忘了他了　C 女的要搬家了

38.　A 机场　　　　　B 电影院　　　　C 教室

39.　A 毛笔字　　　　B 中国菜　　　　C 中文歌

40.　A 她的狗病了　　B 她睡不着觉　　C 男的做错事了

二、阅读

第一部分

第41-45题

A 你们这次租的房子怎么样?

B 你好，请问这附近有书店吗?

C 照片中间这个人真漂亮，她多大了?

D 我们下周一考试，我得在家复习复习。

E 当然。我们先坐公共汽车，然后换地铁。

F 今天你怎么一点儿酒都没喝? 别客气。

例如：你知道怎么去那儿吗?   （ E ）

41. 这个周末我和老王去爬山，你来吗?   （   ）

42. 不是特别满意。因为房间里没有冰箱，很不方便。 （   ）

43. 她看上去很年轻，其实已经40多岁了。   （   ）

44. 语言大学里有两个，一个在图书馆二层，一个在南门旁边。（   ）

45. 不好意思，我是开车来的，还是喝茶吧。   （   ）

第46-50题

A　　去洗手间的时候就不要看手机了。

B　　您可以帮我们照张相吗？

C　　飞机不是九点起飞吗？已经晚了两个小时了。

D　　昨天写了一天的汉字，我手疼。

E　　这是谁的手机？怎么放在这里了？

46.　听说南京那儿正在下大雪，今天你可能走不成了。　　（　　）

47.　没问题。你们站在那儿吧，后面有花，很好看。　　（　　）

48.　应该是那边踢足球的同学放这儿的吧。　　（　　）

49.　好吧，我也知道这个习惯不太好。　　（　　）

50.　你哪里不舒服？　　（　　）

第二部分

第51-55题

A 需要　　B 小心　　C 要求　　D 经过　　E 声音　　F 晴

例如：她说话的　（　E　）多好听啊！

51.　　晚上外出一定要（　　　），到了记得打个电话，我很担心你。

52.　　下了一个星期的雨，今天终于（　　　）了。

53.　　（　　　）一年的学习，我的汉语水平比刚到北京时提高了很多。

54.　　爸爸感冒了，（　　　）休息，你们去外边玩儿好吗?

55.　　下节课我会告诉大家考试的（　　　），希望你们不要迟到。

A 锻炼　　B 地图　　C 热情　　D 爱好　　E 虽然　　F 比

例如：A：你有什么（　D　）?
　　　B：我喜欢体育。

56. A：这条裙子真好看!
　　B：是吗? 我觉得那条短的（　　　）这条更好看。

57. A：你知道怎么走吗? 我对这地方一点儿也不了解。
　　B：放心吧，我手机里有电子（　　　）。

58. A：你为什么选择做这么累的工作?
　　B：（　　　）这个工作很累，但是能给别人带来快乐，我自己也感到很快乐。

59. A：看，是小张。他几乎每天都去公园（　　　）。
　　B：怪不得他身体这么好，从来不生病。

60. A：我发现中国人对外国人都非常（　　　）。
　　B：是的。拿出租车司机来说，他们总是喜欢跟你聊天儿。

第三部分

第61-70题

例如： 您是来参加今天会议的吗？您来早了一点儿，现在才8点半。您先进来坐吧。

　　★ 会议最可能几点开始？

　　A 8点　　　　　　　B 8点半　　　　　　　C 9点 ✓

61. 同学们，明天去动物园参观的时候，有一件事需要注意。不要把你们带的吃的给小动物，那样它们很可能会生病的。

　　★ 参观动物园需要注意什么？

　　A 不能吃东西　　　B 不能带吃的　　　C 不能给动物吃的

62. 中国人在饭馆儿里吃饭的时候喜欢大声说话。我一开始觉得很奇怪，以为他们生气了，后来才发现他们只是习惯这样聊天儿。

　　★ 中国人在饭馆儿里大声说话：

　　A 是一种习惯　　　B是生气了　　　C 不常见

63. 离考试结束还有十分钟的时间，已经答完题的考生可以先离开，走的时候请安静一点儿。最后记得检查一下，别忘了在试卷上写你们的名字。

　　★ 他让考生检查：

　　A 有没有答完题　　B 自己的东西　　C 写没写名字

64. 上一季的工作大家都完成得不错！为了让大家更好地工作，经理决定给每个办公室都换上新电脑。

　　★ 办公室会有什么变化？

　　A 会有新同事　　　B 会换新电脑　　　C 会换新桌子

65. 在过去，人们经常吃不饱，只有有钱人才能吃上肉。现在不同了，人们的生活水平提高了，不用再担心吃不饱的问题，但是其他问题又出现了。很多孩子从小大鱼大肉，吃得太好，所以我们身边的"小胖子"越来越多了。

★ 现在的人遇到了什么问题？

A 吃不饱　　　　　B 生活水平不高　　　C 吃得不健康

66. 这本小说是他根据自己以前在旅游时遇到的人和事写的，小说在世界各国都受到了读者们的欢迎，后来还被拍成了电影。

★ 这本小说是关于什么的？

A 作者小时候的事　　B 旅游的事　　　　C 世界文化

67. 下周学校要办运动会，想参加比赛的同学请在这两天告诉班长。希望大家认真准备，到时候玩儿得开心，但是不要因为这个影响自己的学习。

★ 老师希望同学们：

A 边玩儿边学　　　　B 不要参加比赛　　　C认真准备运动会

68. 我现在再忙也会每周锻炼两三次，主要是为了身体健康。有时候在办公室里坐久了，就站起来走一走。好习惯应该从年轻时开始养成。

★ 他认为年轻人应该：

A 每天锻炼　　　　　B 经常走路　　　　　C 关心身体健康

69. 在大城市出门，坐地铁是最好的选择。上班时间路上车很多，坐公共汽车可能会迟到，出租车也比较难打。

★ 在大城市出门最好：

A 坐地铁　　　　　　B 开车　　　　　　　C 打出租车

70. 这里以前是一块草地，草地中间有一棵大树，树上住着很多小鸟。现在这里是一座大楼，再也听不到小鸟们唱歌了。

★ 现在小鸟们：

A 住在树上　　　　　B 去别的地方了　　　C 住在大楼里

三、书写

第一部分

第71-75题

例如： 小船　　上　　一　　河　　条　　有

河上有一条小船。_____

71. 附近的　　蛋糕店　　地铁站　　关门了

72. 注意　　你　　身后的车　　需要

73. 很旧了　　相机　　已经　　这个

74. 我们学校的　　都不错　　留学生　　成绩

75. 不会　　出行　　雨季　　选择　　游客

第二部分

第76-80题

例如：没（ **关** guān ）系，别难过，高兴点儿。

76. 今天晚上（ shì ）界杯的比赛几点开始？

77. 以你的水平，参（ jiā ）那个考试一定没问题。

78. 老师和同学们对新来的学生都很热（ qíng ）。

79. 把这个放进冰箱吧，我（ pà ）它坏了。

80. 那个穿着黑衬衫的男人一（ zhí ）站在门口，真奇怪。

정답과 듣기 스크립트는 부록에서 확인할 수 있습니다.
해설은 해설집 PDF 87p에 있습니다.

PART
2

HSK
실전 모의고사
3회

新汉语水平考试
HSK（三级）
模拟试题（三）

注意

一、 HSK（三级）分三部分：

    1. 听力（40题，约35分钟）

    2. 阅读（30题，30分钟）

    3. 书写（10题，15分钟）

二、 听力结束后，有5分钟填写答题卡。

三、 全部考试约90分钟（含考生填写个人信息时间5分钟）。

一、听 力

第一部分

第1-5题

A

B

C

D

E

F

例如：男：喂，请问张经理在吗？

女：他正在开会，您半个小时以后再打，好吗？　　E

1.　

2.

3.　

4.

5.

第6-10题

A

B

C

D

E

6. ☐

7. ☐

8. ☐

9. ☐

10. ☐

第二部分

第11-20题

例如：为了让自己更健康，他每天都花一个小时去锻炼身体。

　　★ 他希望自己很健康。 　　　　　　　　　　　　(✓)

今天我想早点儿回家。看了看手表，才5点。过了一会儿再看表，还是5点，我这才发现我的手表不走了。

　　★ 那块手表不是他的。 　　　　　　　　　　　　(✗)

11. 　★ 今天是他女朋友生日。 　　　　　　　　　　(　)

12. 　★ 他们的关系非常好。 　　　　　　　　　　　(　)

13. 　★ 弟弟把铅笔放在书桌上了。 　　　　　　　　(　)

14. 　★ 他的腿现在不疼了。 　　　　　　　　　　　(　)

15. 　★ 那个人在找钱包。 　　　　　　　　　　　　(　)

16. 　★ 他们已经吃完饭了。 　　　　　　　　　　　(　)

17. 　★ 儿子还没开始写作业。 　　　　　　　　　　(　)

18. 　★ 北京大学很有名。 　　　　　　　　　　　　(　)

19. 　★ 他们这周日去春游。 　　　　　　　　　　　(　)

20. 　★ 他要去机场接朋友。 　　　　　　　　　　　(　)

第三部分

第21-30题

例如：男：小王，帮我开一下门，好吗？谢谢！

女：没问题。您去超市了？买了这么多东西。

问：男的想让小王做什么？

A 开门 ✓ B 拿东西 C 去超市买东西

21. A 词典 B 椅子 C 电脑

22. A 跳舞 B 做练习 C 休息

23. A 爷爷病了 B 她病了 C 她要照顾女儿

24. A 卖给别人了 B 坏了 C 找不到了

25. A 教室 B 路上 C 家里

26. A 用手机地图 B 问附近的人 C 问出租车司机

27. A 妻子 B 奶奶 C 妹妹

28. A 没有复习 B 考得不好 C 准备了很久

29. A 桌子上 B 冰箱里 C 盘子里

30. A 男的送女的回家 B 女的身体不舒服 C 女的一个人回家

第四部分

第31-40题

例如：女：晚饭做好了，准备吃饭了。

男：等一会儿，比赛还有三分钟就结束了。

女：快点儿吧，一起吃，菜冷了就不好吃了。

男：你先吃，我马上就看完了。

问：男的在做什么？

A 洗澡　　　　　　B 吃饭　　　　　　C 看电视 ✓

31. A 看电影　　　　　B 爬山　　　　　　C 开会

32. A 女的　　　　　　B 男的的女儿　　　C 女的的儿子

33. A 坐地铁　　　　　B 骑自行车　　　　C 坐出租车

34. A 书店　　　　　　B 银行　　　　　　C 饭店

35. A 生词太难　　　　B 方法不对　　　　C作业太多

36. A 洗澡　　　　　　B 运动　　　　　　C 看书

37. A 游泳馆太远　　　B 没时间　　　　　C 病了

38. A 雨伞　　　　　　B 中文书　　　　　C 电话

39. A 下午3点　　　　B 下午3点40分　　C 下午4点

40. A 女的不喜欢猫　　B 男的不想养猫　　C 他们家有狗

二、阅读

第一部分

第41-45题

A   我帮你拿这个大箱子吧。

B   刚才我来找你的时候，你怎么不在？

C   你来中国以前学过汉语吗？

D   你最喜欢哪个季节？

E   当然。我们先坐公共汽车，然后换地铁。

F   我们明早5点半就得出发，你起得来吗？

例如：你知道怎么去那儿吗？   （ E ）

41.   一天也没学过，我是来了以后才开始学的。   （   ）

42.   不用，你帮我拿这个包就行了。   （   ）

43.   那我今天晚上早一点儿睡觉。   （   ）

44.   秋天比较舒服，我喜欢秋天。   （   ）

45.   我可能正在洗澡呢。   （   ）

第46-50题

A   你看，今天的天多蓝啊！

B   从北京到上海要花多长时间？

C   这个周末过得怎么样？

D   不是不愿意给你买，是我没带那么多钱。

E   下一题有点儿难，谁来回答？

46.   看你怎么去。坐飞机两个多小时就到了。   （   ）

47.   这家店刷信用卡也可以的。   （   ）

48.   我打扫了一天的房间，累极了。   （   ）

49.   老师，我能试试吗？   （   ）

50.   是啊，雨季终于结束了。   （   ）

第二部分

第51-55题

A 决定　　B 终于　　C 邮件　　D 清楚　　E 声音　　F 希望

例如：她说话的（ E ）多好听啊！

51.　　收到他发来的电子（　　　），我马上给他回了信。

52.　　他的（　　　）在这一小时里变化了好几次。

53.　　李老师讲得十分（　　　），我都听懂了。

54.　　换了好几次公共汽车，我（　　　）在太阳下山前找到了那个地方。

55.　　天下的父母都（　　　）孩子能健康长大。

第56-60题

A 重要　　B 照片　　C 注意　　D 爱好　　E 穿　　F 都

例如：A：你有什么（　D　）？
　　　　B：我喜欢体育。

56.　　A：家里一点儿吃的东西（　　　　）没有了。
　　　　B：是吗？那我马上出去买点儿东西回来。

57.　　A：我不想做这个工作。
　　　　B：经理他相信你，才把这么（　　　　）的工作交给你。

58.　　A：下次做题时小心一点儿，就可以少出错了。
　　　　B：我以后一定（　　　　）。

59.　　A：这些（　　　　）里的山真美啊！你是什么时候去的？
　　　　B：去年春天去的。

60.　　A：这双鞋太大了，我想换一双。
　　　　B：对不起，这鞋您已经（　　　　）过了，不能换。

第三部分

第61-70题

例如： 您是来参加今天会议的吗？您来早了一点儿，现在才8点半。您先进来坐吧。

　　★ 会议最可能几点开始？

　　A 8点　　　　　　　　B 8点半　　　　　　　C 9点 ✓

61. 我和别人说好明天中午一起吃饭的，所以我明天不能跟你去喝咖啡了，你再问问其他同事吧。

　　★ 说话人明天要：

　　A 和别人一起吃午饭　B 去喝咖啡　　　　　C 问同事问题

62. 这些菜真好吃！都是你做的吗？真没想到，你做饭水平这么高，我还以为你不会做饭呢。

　　★ 他们现在在做什么？

　　A 做饭　　　　　　　B 吃饭　　　　　　　　C 锻炼

63. 妈妈明天就要回来了，我们快把房间打扫一下吧！如果妈妈回来看到家里这么不干净，她一定会生气的。

　　★ 他们为什么要打扫房间？

　　A 喜欢干净　　　　　B 刚回到家　　　　　　C 怕妈妈不高兴

64. 关于体育这一方面，我有一些比较好的习惯。我每天下课后会到体育馆去锻炼身体，有时候跟朋友们一起打篮球、打网球，有时候自己跑跑步、游游泳。说来也奇怪，锻炼身体还能帮助我提高学习成绩。

　　★ 他认为锻炼身体可以：

　　A 让人不生病　　　　B 让人变得更好　　　　C 让人睡得好

65. 我们的课都开始20分钟了，她还没来。我担心她是不是遇到了什么不好的事情，因为她从来不迟到的。

★ 根据这段话，可以知道什么？

A 他们在上课　　　　B 她经常迟到　　　　C 她担心迟到

66. 我不知道为什么，也记不清楚是从什么时候开始的，我和妻子聊天儿的机会越来越少。可能是因为我参加工作之后，变得比较忙了。

★ 他和妻子遇到了什么问题？

A 记不清事情　　　　B 没机会聊天儿　　　　C 妻子太忙

67. 很多在这个城市工作的年轻人都是从外地来的。拿我们公司的小王来说，他只有在春节的时候才能回家跟父母见面。

★ 小王的父母：

A 不住在这个城市　　B 来我们公司工作　　C 跟儿子关系不好

68. 周末有个非常有名的作家要来，就是写了《向左走，向右走》的那个。那本书你看过吗？我觉得里面的故事很感人。

★ 周末要来的名人是做什么的？

A 运动员　　　　　　B 拍电影的　　　　　　C 写书的

69. 我不是一个爱说话的人，平常的时候，我更喜欢一个人看书。我家里有不少花花草草，慢慢看着它们长大让我很开心。

★ 说话人是一个怎样的人？

A 热情的人　　　　　B 安静的人　　　　　　C 难过的人

70. 听说有的商店在下雨的时候，会在门口准备一些雨伞。要是有的客人没有带雨伞，可以先把店里的伞借回家，用完以后再送回来。这些伞给很多人带来了方便。希望像这样帮助别人的好事越来越多。

★ 商店是怎么帮助客人的？

A 送他们回家　　　　B 借给他们伞　　　　　C 把伞送给他们

三、书写

第一部分

第71-75题

例如：小船　　上　　一　　河　　条　　有

河上有一条小船。_____

71.　　会议　　大家　　欢迎　　参加　　这次

72.　　了　　问题　　解决　　环境　　被

73.　　三年了　　已经　　工作　　他

74.　　哪里　　也　　我　　不想　　去

75.　　感兴趣　　体育　　他　　不太　　对

第二部分

guān

例如：没（　关　）系，别难过，高兴点儿。

wán

76. 我终于在周一之前（　　　　）成我的作业了。

mào

77. 这个（　　　　）子有点儿贵，还是不买了吧。

jiào

78. 是谁把（　　　　）室的门给关上了？

shēng

79. 对不起，你能把电视的（　　　　）音关小一点儿吗？

rán

80. 这件事情来得很突（　　　　），我们都不知道是为什么。

정답과 듣기 스크립트는 부록에서 확인할 수 있습니다.
해설은 해설집 PDF 108p에 있습니다.

汉 语 水 平 考 试 HSK（三级）答 题 卡

■ ■

一、听力

1.[A][B][C][D][E][F]　　6.[A][B][C][D][E][F]
2.[A][B][C][D][E][F]　　7.[A][B][C][D][E][F]
3.[A][B][C][D][E][F]　　8.[A][B][C][D][E][F]
4.[A][B][C][D][E][F]　　9.[A][B][C][D][E][F]
5.[A][B][C][D][E][F]　　10.[A][B][C][D][E][F]

11.[√] [×]　　16.[√] [×]　　21.[A][B][C]
12.[√] [×]　　17.[√] [×]　　22.[A][B][C]
13.[√] [×]　　18.[√] [×]　　23.[A][B][C]
14.[√] [×]　　19.[√] [×]　　24.[A][B][C]
15.[√] [×]　　20.[√] [×]　　25.[A][B][C]

26.[A][B][C]　　31.[A][B][C]　　36.[A][B][C]
27.[A][B][C]　　32.[A][B][C]　　37.[A][B][C]
28.[A][B][C]　　33.[A][B][C]　　38.[A][B][C]
29.[A][B][C]　　34.[A][B][C]　　39.[A][B][C]
30.[A][B][C]　　35.[A][B][C]　　40.[A][B][C]

二、阅读

41.[A][B][C][D][E][F]　　46.[A][B][C][D][E][F]
42.[A][B][C][D][E][F]　　47.[A][B][C][D][E][F]
43.[A][B][C][D][E][F]　　48.[A][B][C][D][E][F]
44.[A][B][C][D][E][F]　　49.[A][B][C][D][E][F]
45.[A][B][C][D][E][F]　　50.[A][B][C][D][E][F]

51.[A][B][C][D][E][F]　　56.[A][B][C][D][E][F]
52.[A][B][C][D][E][F]　　57.[A][B][C][D][E][F]
53.[A][B][C][D][E][F]　　58.[A][B][C][D][E][F]
54.[A][B][C][D][E][F]　　59.[A][B][C][D][E][F]
55.[A][B][C][D][E][F]　　60.[A][B][C][D][E][F]

61.[A][B][C]　　66.[A][B][C]
62.[A][B][C]　　67.[A][B][C]
63.[A][B][C]　　68.[A][B][C]
64.[A][B][C]　　69.[A][B][C]
65.[A][B][C]　　70.[A][B][C]

三、书写

71. _____
72. _____
73. _____
74. _____
75. _____

76. ☐　　77. ☐　　78. ☐　　79. ☐　　80. ☐

■　　+　　+

汉 语 水 平 考 试 H S K（三 级）答 题 卡

—— 请填写考生信息 ——

按照考试证件上的姓名填写：

| 姓名 | |

如果有中文姓名，请填写：

| 中文姓名 | |

考生序号		[0] [1] [2] [3] [4] [5] [6] [7] [8] [9]
		[0] [1] [2] [3] [4] [5] [6] [7] [8] [9]
		[0] [1] [2] [3] [4] [5] [6] [7] [8] [9]
		[0] [1] [2] [3] [4] [5] [6] [7] [8] [9]
		[0] [1] [2] [3] [4] [5] [6] [7] [8] [9]

—— 请填写考点信息 ——

考点代码		[0] [1] [2] [3] [4] [5] [6] [7] [8] [9]
		[0] [1] [2] [3] [4] [5] [6] [7] [8] [9]
		[0] [1] [2] [3] [4] [5] [6] [7] [8] [9]
		[0] [1] [2] [3] [4] [5] [6] [7] [8] [9]
		[0] [1] [2] [3] [4] [5] [6] [7] [8] [9]
		[0] [1] [2] [3] [4] [5] [6] [7] [8] [9]

国籍		[0] [1] [2] [3] [4] [5] [6] [7] [8] [9]
		[0] [1] [2] [3] [4] [5] [6] [7] [8] [9]
		[0] [1] [2] [3] [4] [5] [6] [7] [8] [9]

| 年龄 | | [0] [1] [2] [3] [4] [5] [6] [7] [8] [9] |
| | | [0] [1] [2] [3] [4] [5] [6] [7] [8] [9] |

| 性别 | 男 [1] 女 [2] |

注意　请用2B铅笔这样写：■

一、听力	二、阅读

1.[A][B][C][D][E][F]　　6.[A][B][C][D][E][F]　　41.[A][B][C][D][E][F]　　46.[A][B][C][D][E][F]

2.[A][B][C][D][E][F]　　7.[A][B][C][D][E][F]　　42.[A][B][C][D][E][F]　　47.[A][B][C][D][E][F]

3.[A][B][C][D][E][F]　　8.[A][B][C][D][E][F]　　43.[A][B][C][D][E][F]　　48.[A][B][C][D][E][F]

4.[A][B][C][D][E][F]　　9.[A][B][C][D][E][F]　　44.[A][B][C][D][E][F]　　49.[A][B][C][D][E][F]

5.[A][B][C][D][E][F]　　10.[A][B][C][D][E][F]　　45.[A][B][C][D][E][F]　　50.[A][B][C][D][E][F]

11.[√] [×]　　16.[√] [×]　　21.[A][B][C]　　51.[A][B][C][D][E][F]　　56.[A][B][C][D][E][F]

12.[√] [×]　　17.[√] [×]　　22.[A][B][C]　　52.[A][B][C][D][E][F]　　57.[A][B][C][D][E][F]

13.[√] [×]　　18.[√] [×]　　23.[A][B][C]　　53.[A][B][C][D][E][F]　　58.[A][B][C][D][E][F]

14.[√] [×]　　19.[√] [×]　　24.[A][B][C]　　54.[A][B][C][D][E][F]　　59.[A][B][C][D][E][F]

15.[√] [×]　　20.[√] [×]　　25.[A][B][C]　　55.[A][B][C][D][E][F]　　60.[A][B][C][D][E][F]

26.[A][B][C]　　31.[A][B][C]　　36.[A][B][C]　　61.[A][B][C]　　66.[A][B][C]

27.[A][B][C]　　32.[A][B][C]　　37.[A][B][C]　　62.[A][B][C]　　67.[A][B][C]

28.[A][B][C]　　33.[A][B][C]　　38.[A][B][C]　　63.[A][B][C]　　68.[A][B][C]

29.[A][B][C]　　34.[A][B][C]　　39.[A][B][C]　　64.[A][B][C]　　69.[A][B][C]

30.[A][B][C]　　35.[A][B][C]　　40.[A][B][C]　　65.[A][B][C]　　70.[A][B][C]

三、书写

71. _____

72. _____

73. _____

74. _____

75. _____

76. □　　77. □　　78. □　　79. □　　80. □

+　　　　　　　　　　+

汉语水平考试 HSK（三级）答题卡

—— 请填写考生信息 ——

按照考试证件上的姓名填写：

姓名	

如果有中文姓名，请填写：

中文姓名	

考
生
序
号

[0] [1] [2] [3] [4] [5] [6] [7] [8] [9]
[0] [1] [2] [3] [4] [5] [6] [7] [8] [9]
[0] [1] [2] [3] [4] [5] [6] [7] [8] [9]
[0] [1] [2] [3] [4] [5] [6] [7] [8] [9]
[0] [1] [2] [3] [4] [5] [6] [7] [8] [9]

—— 请填写考点信息 ——

考
点
代
码

[0] [1] [2] [3] [4] [5] [6] [7] [8] [9]
[0] [1] [2] [3] [4] [5] [6] [7] [8] [9]
[0] [1] [2] [3] [4] [5] [6] [7] [8] [9]
[0] [1] [2] [3] [4] [5] [6] [7] [8] [9]
[0] [1] [2] [3] [4] [5] [6] [7] [8] [9]
[0] [1] [2] [3] [4] [5] [6] [7] [8] [9]
[0] [1] [2] [3] [4] [5] [6] [7] [8] [9]

国籍

[0] [1] [2] [3] [4] [5] [6] [7] [8] [9]
[0] [1] [2] [3] [4] [5] [6] [7] [8] [9]
[0] [1] [2] [3] [4] [5] [6] [7] [8] [9]

年龄

[0] [1] [2] [3] [4] [5] [6] [7] [8] [9]
[0] [1] [2] [3] [4] [5] [6] [7] [8] [9]

性别　　　　男 [1]　　　　女 [2]

注意　请用2B铅笔这样写：■

一、听力

1.[A][B][C][D][E][F]　　6.[A][B][C][D][E][F]
2.[A][B][C][D][E][F]　　7.[A][B][C][D][E][F]
3.[A][B][C][D][E][F]　　8.[A][B][C][D][E][F]
4.[A][B][C][D][E][F]　　9.[A][B][C][D][E][F]
5.[A][B][C][D][E][F]　　10.[A][B][C][D][E][F]

11.[√] [×]　　16.[√] [×]　　21.[A][B][C]
12.[√] [×]　　17.[√] [×]　　22.[A][B][C]
13.[√] [×]　　18.[√] [×]　　23.[A][B][C]
14.[√] [×]　　19.[√] [×]　　24.[A][B][C]
15.[√] [×]　　20.[√] [×]　　25.[A][B][C]

26.[A][B][C]　　31.[A][B][C]　　36.[A][B][C]
27.[A][B][C]　　32.[A][B][C]　　37.[A][B][C]
28.[A][B][C]　　33.[A][B][C]　　38.[A][B][C]
29.[A][B][C]　　34.[A][B][C]　　39.[A][B][C]
30.[A][B][C]　　35.[A][B][C]　　40.[A][B][C]

二、阅读

41.[A][B][C][D][E][F]　　46.[A][B][C][D][E][F]
42.[A][B][C][D][E][F]　　47.[A][B][C][D][E][F]
43.[A][B][C][D][E][F]　　48.[A][B][C][D][E][F]
44.[A][B][C][D][E][F]　　49.[A][B][C][D][E][F]
45.[A][B][C][D][E][F]　　50.[A][B][C][D][E][F]

51.[A][B][C][D][E][F]　　56.[A][B][C][D][E][F]
52.[A][B][C][D][E][F]　　57.[A][B][C][D][E][F]
53.[A][B][C][D][E][F]　　58.[A][B][C][D][E][F]
54.[A][B][C][D][E][F]　　59.[A][B][C][D][E][F]
55.[A][B][C][D][E][F]　　60.[A][B][C][D][E][F]

61.[A][B][C]　　66.[A][B][C]
62.[A][B][C]　　67.[A][B][C]
63.[A][B][C]　　68.[A][B][C]
64.[A][B][C]　　69.[A][B][C]
65.[A][B][C]　　70.[A][B][C]

三、书写

71. _____
72. _____
73. _____
74. _____
75. _____

76.____ □　　77.____ □　　78.____ □　　79.____ □　　80.____ □

孔子学院总部/国家汉办
Confucius Institute Headquarters(Hanban)

汉 语 水 平 考 试
Chinese Proficiency Test

HSK （三级）成绩报告
HSK (Level 3) Examination Score Report

姓名 (Name) :

性别 (Gender) :　　　　　国籍 (Nationality) :

考试时间 (Examination Date) :　　　　年 (Year)　　月 (Month)　　日 (Day)

编号 (No.) :

准考证号 (Admission Ticket Number) :

	满分 Full Score	你的分数 Your Score
听力 Listening	100	
阅读 Reading	100	
书写 Writing	100	
总分 Total Score	300	

听力 Listening	阅读 Reading	书写 Writing	总分 Total Score	百分等级 Percentile Rank
100	100	100	299	99%
98		96	287	90%
95	97	91	277	80%
92	93	87	267	70%
88	89	83	256	60%
85	82	78	243	50%
80	73	73	227	40%
75	64	68	209	30%
69	53	60	187	20%
59	40	51	159	10%

总分180分为合格 (Passing Score: 180)

主任
Director

国家汉办
Hanban

中国 · 北京
Beijing · China

成绩自考试日起2年内有效

memo

FINAL HSK

HSK

실전 —— 모의고사 3급

—— 정답 ——
·
듣기 스크립트

시사중국어사

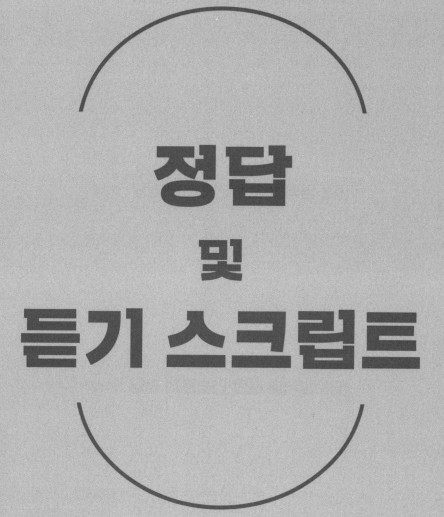

정답

및

듣기 스크립트

정답

 듣기 제1부분

HSK 영역별 훈련 연습문제 정답 P.24

1. D	2. A	3. B	4. C	5. E	6. E	7. D	8. A	9. B	10. C
11. D	12. A	13. E	14. B	15. C	16. A	17. C	18. D	19. E	20. B
21. C	22. A	23. E	24. B	25. D	26. B	27. E	28. D	29. A	30. C

 듣기 제2부분

HSK 영역별 훈련 연습문제 정답 P.34

1. ✓	2. ✕	3. ✕	4. ✓	5. ✕	6. ✓	7. ✓	8. ✕	9. ✕	10. ✕
11. ✕	12. ✕	13. ✓	14. ✓	15. ✕	16. ✕	17. ✓	18. ✕	19. ✓	20. ✓
21. ✕	22. ✓	23. ✓	24. ✓	25. ✕	26. ✕	27. ✕	28. ✓	29. ✕	30. ✓

 듣기 제3·4부분

HSK 영역별 훈련 연습문제 정답 P.42

1. B	2. C	3. C	4. B	5. C	6. A	7. A	8. C	9. C	10. B
11. B	12. A	13. B	14. C	15. B	16. C	17. C	18. B	19. C	20. A
21. A	22. C	23. B	24. C	25. B	26. A	27. A	28. B	29. C	30. A
31. B	32. C	33. B	34. A	35. B	36. A	37. C	38. C	39. B	40. C
41. A	42. C	43. C	44. B	45. C	46. A	47. B	48. B	49. C	50. A
51. B	52. C	53. C	54. B	55. C	56. A	57. C	58. C	59. A	60. B

독해 제1부분

HSK 영역별 훈련 연습문제 정답 `P.50`

1. A	2. D	3. B	4. E	5. C	6. D	7. E	8. A	9. B	10. C
11. C	12. A	13. E	14. B	15. D	16. A	17. C	18. E	19. B	20. D
21. C	22. E	23. D	24. A	25. B	26. C	27. A	28. D	29. B	30. E

 독해 제2부분

HSK 영역별 훈련 연습문제 정답 `P.59`

1. D	2. B	3. C	4. E	5. A	6. B	7. E	8. A	9. D	10. C
11. E	12. B	13. D	14. A	15. C	16. C	17. B	18. E	19. A	20. D
21. D	22. A	23. B	24. E	25. C	26. D	27. A	28. C	29. B	30. E

 독해 제3부분

HSK 영역별 훈련 연습문제 정답 `P.68`

1. C	2. B	3. C	4. B	5. C	6. C	7. A	8. C	9. C	10. A
11. B	12. B	13. C	14. B	15. C	16. A	17. C	18. A	19. B	20. C
21. B	22. C	23. B	24. C	25. A	26. C	27. A	28. A	29. B	30. B

쓰기 제1부분

HSK 영역별 훈련 연습문제 정답 P.78

1. 我相信自己的选择。 나는 스스로의 선택을 믿는다.

2. 这家公司换了经理。 이 회사는 사장을 바꿨다.

3. 我遇到一件奇怪的事。 나는 이상한 일 하나를 만났다.(겪었다.)

4. 他们就要结婚了。 그들은 곧 결혼하려고 한다.

5. 中秋节是中国一个重要的节日。 추석(중추제)은 중국의 중요한 하나의 명절이다.

6. 这件衬衫真漂亮。 이 셔츠는 정말 예쁘다.

7. 别站在这里。 여기 서 있지 마세요.

8. 我们都相信他的话。（他的话我们都相信。）
   우리 모두 그의 말을 믿는다.(그의 말을 우리는 모두 믿는다.)

9. 他对考试成绩很满意。 그는 시험성적에 매우 만족한다.

10. 阿姨刚打扫完教室。 아주머니가 막 교실 청소를 마쳤다.

11. 他就像我的家人一样。 그는 마치 우리집 식구와 같다.

12. 把你的名字写在黑板上。 당신의 이름을 칠판 위에 쓰세요.

13. 她只吃一个鸡蛋。 그녀는 계란 하나를 먹었을 뿐이다.

14. 他们在街上站着聊天儿。 그들은 길가에 서서 이야기를 나눈다.

15. 这条红色的裙子更好看。 이 빨간색 치마가 더 예쁘다.

쓰기 제2부분

HSK 영역별 훈련 연습문제 정답 P.83

1. 闻	2. 绍	3. 市	4. 篮	5. 鸟
6. 词	7. 饱	8. 耳	9. 已	10. 响
11. 疼	12. 变	13. 嘴	14. 季	15. 船

听力

第一部分

1. F	2. B	3. A	4. D	5. C	6. B	7. C	8. D	9. A	10. E

第二部分

11. ✕	12. ✕	13. ✓	14. ✓	15. ✕	16. ✓	17. ✓	18. ✕	19. ✕	20. ✓

第三部分

21. C	22. A	23. B	24. C	25. B	26. A	27. B	28. C	29. C	30. A

第四部分

31. A	32. C	33. C	34. B	35. B	36. C	37. A	38. B	39. C	40. A

阅读

第一部分

41. C	42. B	43. F	44. A	45. D	46. C	47. D	48. B	49. E	50. A

第二部分

51. F	52. C	53. D	54. A	55. B	56. C	57. F	58. A	59. B	60. E

第三部分

61. A	62. B	63. C	64. C	65. B	66. C	67. B	68. C	69. C	70. A

书写

第一部分

71. 校长的办公室在哪儿?　교장선생님의 사무실은 어디인가요?

72. 他昨天就回来了。　그는 어제 돌아왔다.

73. 吃完饭别忘记洗碗。　밥을 다 먹고 설거지 하는 것 잊지 마.

74. 我喜欢那件红色的衣服。　나는 저 빨간색 옷이 좋아.

75. 我有时间再给你打电话。　내가 시간 될 때 너에게 전화할 게.

第二部分

76. 忘	77. 环	78. 结	79. 讲	80. 条

听力

第一部分

| 1. D | 2. F | 3. C | 4. B | 5. A | 6. C | 7. A | 8. D | 9. B | 10. E |

第二部分

| 11. ✓ | 12. ✗ | 13. ✓ | 14. ✓ | 15. ✗ | 16. ✗ | 17. ✓ | 18. ✓ | 19. ✗ | 20. ✓ |

第三部分

| 21. B | 22. C | 23. A | 24. A | 25. C | 26. B | 27. B | 28. C | 29. A | 30. B |

第四部分

| 31. B | 32. C | 33. B | 34. A | 35. C | 36. A | 37. C | 38. A | 39. C | 40. B |

阅读

第一部分

| 41. D | 42. A | 43. C | 44. B | 45. F | 46. C | 47. B | 48. E | 49. A | 50. D |

第二部分

| 51. B | 52. F | 53. D | 54. A | 55. C | 56. F | 57. B | 58. E | 59. A | 60. C |

第三部分

| 61. C | 62. A | 63. C | 64. B | 65. C | 66. B | 67. C | 68. C | 69. A | 70. B |

书写

第一部分

71. 地铁站附近的蛋糕店关门了。　지하철 역 근처의 케이크 가게가 문을 닫았어.

72. 你需要注意身后的车。　너 뒤에 차 조심해.

73. 这个相机已经很旧了。　이 카메라는 이미 너무 낡았다.

74. 我们学校的留学生成绩都不错。　우리 학교 유학생들의 성적은 모두 좋다.

75. 游客不会选择雨季出行。　여행객은 우기에 여행 가는 것을 선택하지 않을 것이다.

第二部分

| 76. 世 | 77. 加 | 78. 情 | 79. 怕 | 80. 直 |

听力

第一部分

| 1. C | 2. F | 3. B | 4. D | 5. A | 6. B | 7. C | 8. E | 9. A | 10. D |

第二部分

| 11. ✕ | 12. ✓ | 13. ✕ | 14. ✓ | 15. ✕ | 16. ✕ | 17. ✓ | 18. ✓ | 19. ✕ | 20. ✕ |

第三部分

| 21. B | 22. C | 23. A | 24. B | 25. B | 26. A | 27. C | 28. C | 29. B | 30. C |

第四部分

| 31. A | 32. C | 33. C | 34. A | 35. B | 36. C | 37. C | 38. B | 39. C | 40. B |

阅读

第一部分

| 41. C | 42. A | 43. F | 44. D | 45. B | 46. B | 47. D | 48. C | 49. E | 50. A |

第二部分

| 51. C | 52. A | 53. D | 54. B | 55. F | 56. F | 57. A | 58. C | 59. B | 60. E |

第三部分

| 61. A | 62. B | 63. C | 64. B | 65. A | 66. B | 67. A | 68. C | 69. B | 70. B |

书写

第一部分

71. 欢迎大家参加这次会议。   여러분, 이번 회의에 참석하신 것을 환영합니다.

72. 环境问题被解决了。   환경 문제는 해결되었다.

73. 他已经工作三年了。   그는 이미 3년 간 일했다.

74. 我哪里也不想去。   난 어디도(어느 곳도) 가고 싶지 않아.

75. 他对体育不太感兴趣。   그는 체육에 그다지 흥미가 없다.

第二部分

| 76. 完 | 77. 帽 | 78. 教 | 79. 声 | 80. 然 |

▶ 第一部分

1. 男：你明天想不想去看足球比赛？
   女：好啊，明天我没什么事。是哪两个队的比赛？

2. 女：你怎么了？今天为什么不去上课？
   男：我的头突然特别疼，我想我该去下医院。

3. 男：今天天气不好，你别忘了带伞。
   女：好的，看样子是要下雨了。

4. 男：你好，商店门口请不要放车。
   女：我进去买点儿东西就出来。

5. 男：老师，您说得太快了，我听不懂。您忘了，我才学了三个月汉语。
   女：对不起，我说慢点儿。

6. 男：服务员，请把菜单拿过来好吗？
   女：好的，请等一下，我马上给您。

7. 男：等了20分钟车还不来! 等车的人越来越多了，车来了可能也上不去。
   女：上不去怎么办呢？上班可不能迟到啊!

8. 女：椅子上的那个帽子是谁的？
   男：不知道，可能是哪个学生忘在这里的。

9. 男：你今天怎么看起来特别累，一点儿精神都没有？
   女：别提了，昨天晚上我一直工作到三点才睡。

10. 女：谢谢你送我来机场。
    男：不客气，飞机马上要起飞了，你快点儿进去吧。

11. 男：生日快乐! 这是大家给你的礼物。
    女：谢谢你们! 我现在就能把它打开吗？

12. 女：你看上去很累的样子，怎么了？
    男：电梯坏了，我是自己把这么多东西拿上来的。

13. 男：我们快一点儿吧，电影马上就要开始了。
    女：别着急，还有十五分钟才开始呢。

14. 男：天这么冷，你怎么一直站在这里？
    女：我在等我的朋友开车过来接我，他应该马上就到了。

15. 女：这个行李箱这么大，你带着它，方便吗？
    男：别担心，我以前一直都用它。

16. 男：绿灯了，前面那辆车怎么还不走？
    女：不知道，可能那个司机刚学会开车吧。

17. 女：听说今天晚上要下大雪。

男：那我需要打个电话问一下，我们的飞机还能不能起飞。

18. 女：我们家都喜欢看电视，周末我们总是一起看。
　　男：你们最喜欢看什么节目？

19. 女：会上正在讲话的是新来的员工吗？
　　男：对，他的办公室就在我们旁边。

20. 女：为了记住汉字，我在笔记本上画了很多画。
　　男：你的办法听起来不错，我也要试一试。

21. 男：你在哪儿买的这本书？我也想看。
　　女：在图书馆旁边的书店，很便宜的。你可以去看看。

22. 女：你认识花园里的这些小花吗？
　　男：这些花叫二月兰，因为它们总在二月开花。

23. 男：我们现在在这里，然后怎么走？
　　女：我看看地图。应该先向东走。

24. 男：你怎么说着说着就哭起来了？
　　女：我太难过了，我的小狗找不到了。

25. 男：这里的咖啡真不错！店里的音乐也很好听。
　　女：是的，我们以后可以经常来这里喝咖啡。

26. 女：终于下班了，今天的工作把我累坏了。
　　男：高兴点儿，经理说你做得特别好。

27. 男：孩子们在玩儿什么游戏？好像很有意思。
　　女：我也不知道，不过他们看起来都很开心。

28. 男：你在写什么？我看你在图书馆写了好几天了。
　　女：最近我在写一些给小朋友看的故事。

29. 男：你的头发怎么变得这么短了？
　　女：我男朋友终于同意我留短发了，所以上个周末我去理发了。

30. 女：你有手表吗？现在几点了？
　　男：我没有手表，但是我带了手机，现在是下午两点。

▶ 第二部分

1. 我的女儿很喜欢旅游，这可能是因为我和她妈妈都爱好旅游，她从小就被我们影响了。
　　★ 他和爱人都很喜欢旅游。

2. 我刚才在外面吃了些东西，吃一碗饭就行了，不能再多吃了。
　　★ 他今天吃了两碗饭。

3. 参加会议后，我陪父母去上海玩儿了两三天，然后我们就回日本去了。
　　★ 他父母没去过上海。

4. 我刚到北京留学，这儿和我们国家最大的不同就是天气。这个月北京的天气变化太快，我生病了。
　　★ 他不习惯北京的天气。

5. 我现在常去中国朋友家做客，学会了怎么用筷子。中国朋友们都对我非常热情。
　　★ 他不会用筷子。

6. 学校的后边有一座小山，放学后，同学们经常高高兴兴地一起唱着歌爬上山去。

   ★ 同学们一边爬山一边唱歌。

7. 如果你找不到自己需要的书，可以问问老张，他在这个图书馆工作五年了，对这里非常了解。

   ★ 老张在图书馆工作。

8. 我一直很喜欢小动物，像小猫、小狗，我都喜欢。如果以后我能有自己的小狗，我一定好好儿照顾它。

   ★ 他现在有一只狗。

9. 姐姐去外地上大学了，我们很少有机会见面了，但是每周我们都会发电子邮件或者上网聊天儿。

   ★ 他和姐姐每周都见面。

10. 健康的身体离不开运动，除了踢足球、打篮球、跑步、游泳，爬山也是锻炼身体的好办法。

    ★ 爬山不是运动。

11. 这个周末要参加汉语水平考试的同学，一定不要忘记带你们的铅笔，还有，不要迟到。听清楚了吗？

    ★ 说话人周末要考试。

12. 这件事情不难办，但是它不是用电话或者电子邮件就可以解决的问题。我们应该找个时间见一面，好好儿聊聊。

    ★ 他打算发邮件解决问题。

13. 现在的手机几乎什么都能做，可以听音乐、看电影、照相，还能上网聊天儿、发邮件、玩儿游戏什么的。

    ★ 用手机能做很多事情。

14. 我看电视新闻说，雨季快到了，最近几天很可能都会下雨。如果后天有雨，我们还要去爬山吗？

    ★ 雨季要来了。

15. 我在电影院门口等你，你可以从地图上找到这家电影院，门口写着几个红色的大字，一走到路口就能看见。

    ★ 电影院离路口很远。

16. 我的想法跟你的不一样。大学毕业以后，我想早一点儿工作，锻炼自己。

    ★ 他没有读过大学。

17. 我昨天发烧了，一会儿觉得特别冷，一会儿又觉得特别热。虽然吃了几次药，但还是不太舒服。

    ★ 他的病还没好。

18. 下周公司要选一个人去上海开会，这是一个多么好的机会啊！你说，经理是会选择小王呢，还是会选择小李呢？

    ★ 小李下周去开会。

19. 同学们都到体育馆去看篮球比赛了，所以现在教室里一个人也没有，非常安静。

    ★ 教室里没有人。

20. 有时候你会发现一些事情突然变了，但不知道为什么。这就要求我们做好准备，或者努力适应这种变化。

    ★ 事情会突然变化。

21. 我忘记带铅笔了，你身上有钱吗？我看到前面有家商店，我想去那里看看有没有铅笔。

★ 他向同学借铅笔。

22. 现在已经11点半了，时间不多了，我们快点儿出发吧。我们从家里过去还要一个多小时呢！

★ 他们马上要出门。

23. 能参加这么大的音乐节，孩子们都非常高兴。但是一个女孩儿因为感冒，错过了这次机会。

★ 有一个孩子没能参加音乐节。

24. 我觉得我们不用担心弟弟。他那么聪明，又能自己做很多事情，一个人去旅游对他来说没问题的。

★ 弟弟打算一个人去旅游。

25. 老师让我告诉你一声，下午2点去办公室找他。他想和你聊一聊你的考试成绩的问题。

★ 说话人下午要和老师见面。

26. 昨天晚上我终于收到了公司发来的电子邮件，让我明天就去上班。没有工作的生活终于结束了！

★ 公司发邮件告诉他后天开始上班。

27. 我今天有点儿难过。上午我去爬山的时候，我的一个很漂亮的帽子被风刮走了，那个帽子是我在国外买的，这里买不到的。

★ 他的帽子坏了。

28. 你就放心吧，我住的宾馆离机场很近，非常方便。我带的行李也不多，只需要十多分钟就可以到机场。

★ 他住在机场附近的宾馆。

29. 现在街道上非常安静，如果你能早来半个小时的话，你能看到不一样的情况，这里刚刚结束了一个活动。

★ 现在街道上有活动。

30. 你能把空调打开吗？天气太热了，我的孩子热得有点儿不舒服了，可能因为他刚才在太阳底下踢了太长时间的足球。

★ 他想让人开空调。

▶ 第三、四部分

1. 男：关于这次作业，你们还有什么问题吗？
   女：老师，我有一个地方不太清楚。
   问：女的是什么意思？

2. 女：我睡不着，咱们聊一聊好不好？
   男：好是好，但是现在很晚了，如果明天白天聊就更好了。
   问：男的是什么意思？

3. 女：那个会议什么时候结束？
   男：应该是三点半，现在看来再有一个小时也完不了。
   问：关于会议，我们可以知道什么？

4. 男：你想吃些什么东西？这家店的蛋糕很不错。
   女：我最爱吃蛋糕了。但是我最近胖了不少，还是不吃了。
   问：关于女的，可以知道什么？

5. 女：今天电梯坏了，我们只能爬楼梯了。

男：公司怎么还没把电梯修好？办公室在十层啊！

问：办公室在几层？

6. 女：我饿了，我们快点儿走吧。

男：你等一下，我穿好衣服马上就出发。

问：他们很可能会去哪儿？

7. 女：你去过北京吗？

男：别说北京了，中国的大城市我几乎都去过。

问：男的是什么意思？

8. 女：昨天的节目你看了吗？你觉得她唱得怎么样？

男：看了，她唱得好极了。

问：她唱得怎么样？

9. 女：你这次考试考得怎么样？

男：其实这次考试不难，但我的成绩不太好。

问：男的是什么意思？

10. 男：昨天我在公司附近遇见小马了，他骑了一辆新买的白色自行车。

女：以前我也有一辆白色的自行车。

问：小马的自行车是什么颜色的？

11. 女：你好，你的孩子最近在学校的成绩不是很好，请你多注意一下。

男：我也发现了，他最近总是在玩儿游戏，我们会注意的。

问：孩子最近怎么样？

12. 男：我看到你和你丈夫拍的结婚照了，你穿的裙子真漂亮！

女：谢谢！我们对那些照片也很满意。

问：关于女的，可以知道什么？

13. 男：中秋节放一天假，你有什么打算？

女：那天我们家要来客人，几个外地朋友，一年好不容易见一次面。

问：女的中秋节要做什么？

14. 女：这个笔记本电脑是不是出问题了？怎么突然没有声音了？

男：我不太懂这个，要不让小张帮你看看？他对电脑比较了解。

问：电脑怎么了？

15. 女：你怎么还没洗澡？这都几点了！

男：今天的作业太多了，我刚做完。您放心吧，我马上就去洗澡睡觉。

问：他们可能是什么关系？

16. 女：服务员，能给我们换一双筷子吗？这双不太干净。

男：真不好意思，我马上给您换。

问：他们可能在哪儿？

17. 女：明天去机场前记得再检查一下你的行李，别忘了带护照。

男：知道了。别担心，我又不是第一次出国。

问：男的明天要去哪里？

18. 女：今晚的月亮特别大，多漂亮啊！

男：当然，今天是中秋。中秋节的月亮是最大、最漂亮的。

问：今天是什么节日？

19. 女：你吃那么大一块蛋糕，就不怕变胖吗？

　　男：没关系，只有吃得多又不锻炼的人才容易胖。

　　问：男的是什么意思？

20. 女：你真年轻！我今年都三十了。

　　男：我不就比你小两岁吗？再说了，别人都说我看上去比你大两岁。

　　问：男的多少岁？

21. 男：我今天起来得太晚了，差点儿迟到了。

　　女：我也是，但是我穿衣服、刷牙特别快，所以我也没有迟到。

　　问：男的为什么差点儿迟到？

22. 女：我现在每天都要接送孩子，还要上班、做家务，真的太累了！

　　男：我想你可以在家照顾孩子，不要去上班了。

　　问：他们可能是什么关系？

23. 女：现在天气变热了，我需要买一些新衣服。

　　男：没问题，这个周末我跟你一起去买衣服吧。

　　问：他们周末要做什么？

24. 女：你看到小红了吗？打电话她也不接，不知道人在哪里。

　　男：我刚才在旁边的银行看到她了，你去那儿找找吧。

　　问：男的刚才在哪里看到了小红？

25. 男：我来中国快一年了，很想家。

　　女：你家里人一定也很想你，学校马上就放假了，到时候你就可以回家了。

　　问：男的来中国多久了？

26. 男：我突然想起来一件事，我忘了买明天早上吃的面包了。

　　女：没关系，晚上我们一起去楼下的商店买吧，正好家里也没有米了。

　　问：男的忘了什么事？

27. 女：那个人是谁？我怎么经常在这附近遇到他？

　　男：他就住在我们楼下，刚搬来不久，而且还是我的新同事。

　　问：女的经常遇到的那个人是谁？

28. 女：每次一到星期一，都有点儿不习惯工作，让人觉得特别累。

　　男：明天就是星期一了，今天你还是早点儿休息吧。

　　问：根据对话，可以知道什么？

29. 女：在你出国之前我们还能见面吗？

　　男：找个机会我们见个面吧，我还有些话想和你说说呢。

　　问：男的准备去哪里？

30. 男：我正在看你们给我发的电子邮件，今天晚上我必须看完。

　　女：不用着急，你明天给我们回复也可以。

　　问：女的是什么意思？

31. 男：老师，我可以进来吗？

　　女：你今天为什么又迟到了？

　　男：对不起，老师。下次不会了。

　　女：这句话你已经说过很多次了。

问：老师最后说的是什么意思?

32. 女：您好! 您想买点儿什么?

男：苹果和香蕉多少钱一斤?

女：苹果三块五一斤，香蕉三块一斤。

男：给我来两斤苹果，一斤香蕉。

问：男的买了什么?

33. 男：我发现阿里今天没有来上课。

女：你才发现吗? 他昨天也没来。

男：真的吗? 昨天我没看到。他为什么没来上课?

女：我也不知道，刚才我给他打电话，他没有接。

问：阿里几天没来上课了?

34. 男：你好! 请问现在还有房间吗?

女：先生，我们还有一个单人间。

男：没有双人间了吗? 我们有两个人。

女：对不起，现在只有一个单人间了，您需要吗?

问：他们最可能在哪儿?

35. 男：你的行李重吗? 我送你去火车站怎么样?

女：没关系，行李不是很重，我一个人就能拿。

男：你打算怎么去?

女：我打算坐地铁去。

问：女的打算怎么去火车站?

36. 女：你记得我的护照放哪儿了吗?

男：不是在你的房间，就是在我的房间。

女：我都找过了，没找到。

男：你可能把它放在办公室了吧。

问：女的在找什么?

37. 男：你认识美丽吗?

女：怎么不认识? 我们是一起长大的，而且我们同岁。

男：你今年多大了?

女：我九三年出生，今年二十五岁。

问：美丽今年多大?

38. 男：你的房间这么干净，是你妈妈帮你打扫的吗?

女：怎么会呢? 我们家都是自己打扫自己的房间。

男：你弟弟也自己打扫房间吗?

女：没错，虽然他还很小。

问：女的的房间是谁打扫的?

39. 男：你的两只鞋子怎么颜色不一样?

女：你说什么?

男：你看，一只是黑色的，一只是红色的。

女：天啊! 一定是我出门的时候太着急了，没看清楚。

问：女的穿错了什么?

40. 男：音乐会是8 点开始还是8 点20 分开始？

　　女：票上写着8 点20 分。

　　男：太好了！我们先去买杯饮料吧。

　　女：饮料是不能带进去的，我们可以在休息时出来喝点儿东西。

　　问：他们要做什么？

41. 男：你好，这两个包看起来一样，我分不清哪个是我的。

　　女：我也分不清，您还是等这个包的主人过来后，问问他吧。

　　男：如果他很久都不来拿包，那怎么办？我急着走。

　　女：那我帮您把它打开看一下吧。

　　问：女的有什么办法？

42. 女：我记得我出门前把灯关上了！怎么灯还开着呢？

　　男：是不是你记错了？

　　女：对，我是记错了，今天最后一个出门的不是我。

　　男：我想起来了！今天我是最后一个出门的。真对不起，以后我一定注意。

　　问：根据对话，可以知道什么？

43. 女：你对这个不是最感兴趣的吗？怎么刚才一句话也没说？

　　男：我昨晚只睡了四个小时，现在头疼得很。

　　女：为什么？你病了吗？

　　男：昨天晚上我两点起来看了场球赛。

　　问：男的昨晚做什么了？

44. 男：怎么这几天王小明都没和我们一起吃饭？

　　女：最近他不是在家里看书，就是去图书馆学习，你当然见不到他了。

　　男：他为什么突然这么努力？

　　女：听说他下周末要参加一个重要的考试。

　　问：关于王小明，可以知道什么？

45. 男：照片中间这个穿花衬衫的人是谁？

　　女：她是我们的校长。

　　男：我还以为是你们的老师呢。

　　女：她旁边这个矮个子的是我们老师。

　　问：照片中间的那个人是谁？

46. 女：您好，我要借这几本书。

　　男：一次最多只能借三本。

　　女：好吧，那这一本先不要了。

　　男：好的。借书卡带了吗？

　　问：他们最可能在哪里？

47. 女：这些羊肉一共是多少？

　　男：我们点了两斤。

　　女：这么多！吃得了吗？

　　男：你放心，我一个人就能吃得完。

　　问：他们要吃什么？

48. 男：你找到满意的房子了吗？

女：还没有，这次的房子虽然不贵，但门口的街道不干净。

男：再接着找找。

女：你要是发现了什么好地方，一定要告诉我。

问：女的在找什么？

49. 男：黑板上写了些什么？

女：那是老师留给大家的作业。

男：作业？今天有作业吗？

女：你一定是上课没认真听。

问：关于男的，可以知道什么？

50. 女：吃完饭再看吧，一边吃饭一边看电视对身体不好。

男：可是这个节目每周只有一次，错过就没有了。

女：什么节目这么好看？

男：这个节目告诉大家怎么才能让身体更健康。

问：女的为什么不让男的看电视？

51. 男：请你简单地向我们介绍一下自己。

女：大家好。我是北京大学的留学生，今年大三。

男：大三的学生为什么要来找工作呢？

女：我想早一点儿在工作中练习我的汉语。

问：女的是做什么的？

52. 女：刚才你和你同学在聊些什么？

男：我们聊了一会儿历史。

女：你同学不是因为考试才去看历史书的吧？

男：他因为感兴趣才看的。

问：男的的同学为什么去看历史书？

53. 男：别人都说你很安静，认识你以后，我发现你是个热情的女生。

女：是的，我喜欢唱歌、跳舞、交朋友。

男：我也喜欢唱歌，有时间一起去唱吧。

女：好啊，人越多越好。

问：男的觉得女的怎么样？

54. 女：你身上的这件衬衫，我弟弟也有一件。

男：他也是从前面的那家超市买的吗？

女：不知道，我没有问过他。

男：我已经在路上看到好几个人穿这样的衬衫了。

问：他们在聊什么？

55. 男：您好，这是本店的菜单。

女：给我来一碗面和一杯绿茶就行。

男：好的。除了面和饮料，还要别的吗？

女：不用了，谢谢。

问：他们最可能在哪里？

56. 女：昨天你还我的这本书好像是别人的，我的书上面有我的名字。

男：那我可能拿错了！

女：这本先还给你。

男：明天我一定会把你的书带过来的。

问：女的怎么知道书不是她的？

57. 女：为了明天的运动会，我准备了很久。

男：希望你能够拿到一个满意的成绩。

女：你呢？你准备好了吗？

男：明天我有别的事，所以不能参加了。

问：女的要参加什么？

58. 男：今天晚上我去找你吧，我给你做了一个水果蛋糕。

女：今晚我要出去看电影，明天晚上可以吗？

男：天气太热，我住的地方没有冰箱，放到明天可能就坏了。

女：那晚上七点见面怎么样？

问：根据对话，可以知道什么？

59. 女：听说你搬家了，不住在学校里了？

男：对，我和一个中国朋友一起租了房子。

女：你觉得住宿舍好还是租房子好？

男：我觉得租房子更好，因为可以自己做饭。

问：男的觉得住在哪里更好？

60. 女：请问你知道怎么去附近的银行吗？

男：一直向前走，到前面的医院后向右转，就可以看到中国银行了。

女：谢谢你！我是第一次来这里，什么都不了解。

男：正好我是前面那家医院的医生，我带你过去吧。

问：女的要去哪里？

실전 모의고사 1회

（音乐，30秒，渐弱）

大家好！欢迎参加HSK（三级）考试。

大家好！欢迎参加HSK（三级）考试。

大家好！欢迎参加HSK（三级）考试。

HSK（三级）听力考试分四部分，共40题。

请大家注意，听力考试现在开始。

▶ 第一部分

一共10个题，每题听两次。

例如：男：喂，请问张经理在吗？

女：他正在开会，您半个小时以后再打，好吗？

现在开始第1到5题：

1. 女：我好像见过那个正在讲课的男老师。
   男：你不认识他吗？他不是我们的高中同学吗？

2. 女：这鱼看起来很新鲜，多少钱一斤？
   男：这种30块一斤。

3. 男：你看这是什么？我给你买了一个生日礼物。
   女：可是下周二才是我的生日啊！

4. 男：我经常看见你在附近的公园里跑步。
   女：是的，除了天气不好的时候，我每天都会去跑步。

5. 男：我喜欢边骑车边听音乐。
   女：喜欢听音乐很好，但是骑自行车时就不要听了，太危险了！

现在开始第6到10题：

6. 男：这个夏天你想不想去海边？
   女：我不会游泳，也从来没有去过海边。

7. 男：医生要求爷爷每天吃药，这样病很快就能好了。
   女：医生有没有说这个药每天吃几次？

8. 女：冰箱里的西瓜已经不新鲜了，我们再去超市买一个吧。
   男：再买一个我们也还是吃不完，买香蕉或者苹果怎么样？

9. 女：为什么照相机里的照片都没有了？
   男：别着急，我帮你把那些照片放到电脑里了，你可以打开看看。

10. 男：我最近牙疼，但不是什么大问题，不好意思请假。
    女：你还是去医院看看吧，这多影响工作啊！

▶ 第二部分

一共10个题，每题听两次。

例如：为了让自己更健康，他每天都花一个小时去锻炼身体。

　　★ 他希望自己很健康。

今天我想早点儿回家。看了看手表，才五点。过了一会儿再看表，还是五点，我这才发现我的手表不走了。

　　★ 那块手表不是他的。

现在开始第11题：

11. 今天上午我踢足球的时候，天气还很好。没想到回家以后，突然下起这么大的雨。
    ★ 现在天气很好。

12. 吃饱了吗？没有的话，我再给你拿点儿。为了欢迎你回家，昨晚爸爸妈妈准备了很多你爱吃的东西。
    ★ 他们正在准备饭菜。

13. 你们注意点儿，下次别再迟到了。除了生病以外，别的事情不能请假。如果不来上课的次数太多，你们就不能参加最后的考试了。

★ 经常不来上课会影响考试。

14. 刚才我想记一个电话号码，没有找到笔记本，就把它写在了一张报纸上，然后放在桌上了。你看见是谁把报纸拿走了吗？

★ 他把电话号码写在了报纸上。

15. 他这周末有一个重要的面试，关系到他能不能得到那个工作，所以昨天下午他去买了一件新的白衬衫，面试的时候穿。

★ 这个面试要求穿衬衫。

16. 最近学校刚开学，新生的事情特别多，办公室的人有点儿忙不过来了，所以下午我去办公室帮忙了。

★ 下午他在办公室帮忙。

17. 刚才我在洗手间遇见小学时的数学老师了，我们有十多年没见过面了，她的头发都变白了。

★ 他很久没见过小学时的数学老师了。

18. 昨天我跟朋友去看电影，坐在电影院中间的座位上，可是前面的那个人个子太高了，我一直看不到电影上的字。

★ 他看不到电影上的字是因为坐得太远了。

19. 我有一个特别的朋友，我们是在网上认识的。我们经常用电脑聊天儿，他说他住在北京，再过两个月我就要去北京读大学了，到时候就能见到他了。

★ 他跟朋友是在北京认识的。

20. 我的新邻居是个黄头发的外国人，但奇怪的是，他汉语说得好极了。后来我才知道，他妻子是中国人。

★ 邻居的妻子是中国人。

▶ 第三部分

一共10个题，每题听两次。

例如：男：小王，帮我开一下门，好吗？谢谢！

女：没问题。您去超市了？买了这么多东西。

问：男的想让小王做什么？

现在开始第21题：

21. 女：孩子已经睡着了，我想洗个澡。

男：你快去吧，都累了一天了。我帮你看着他。

问：男的要帮女的做什么？

22. 男：小美，下周我要去西安参加一个会议，请你帮我把机票买好。

女：好的，王经理。会议是在下周的哪一天？

问：男的是什么人？

23. 女：这条裙子颜色多漂亮啊！你觉得我穿合不合适？

男：穿这么短的裙子，小心感冒。

问：男的觉得这条裙子怎么样？

24. 男：我刚来这个城市不久，不知道怎么换地铁。

女：没关系，你跟我一起走就行。

问：他们最可能在哪儿？

25. 男：这些花挺好看的，是谁送的？

女：不是别人送的，是我早上在鲜花市场买的，我打算把它们放在房间里。

问：她的花是哪儿来的？

26. 女：你在做什么？房间里这么安静，我还以为你不在家呢。

男：昨天我从图书馆借了一本书，太好看了！

问：男的在做什么？

27. 男：你大学毕业以后打算去哪儿工作？

女：还没决定，我想在离家近一点儿的地方工作，方便照顾家里人。

问：女的为什么想选离家近的地方工作？

28. 男：我怎么不知道你还会画中国画？

女：其实我刚开始学，画得一般，你看了别笑话我。

问：关于女的，可以知道什么？

29. 女：中间这位真是你奶奶吗？她看起来只有50多岁。

男：是啊。不过其实她已经70多岁了。

问：他奶奶多大年纪了？

30. 男：天气太热了，你能把空调打开吗？

女：这空调好像坏了，我们最好找人来检查一下。

问：他们要找人检查什么？

▶ 第四部分

一共10个题，每题听两次。

例如：女：晚饭做好了，准备吃饭了。

男：等一会儿，比赛还有三分钟就结束了。

女：快点儿吧，一起吃，菜冷了就不好吃了。

男：你先吃，我马上就看完了。

问：男的在做什么？

现在开始第31题：

31. 男：你怎么拿这么多东西？我来帮你。

女：我刚从超市回来。水果便宜，我就多买了一点儿。

男：多少钱？

女：香蕉三块钱一斤，苹果两块五一斤。

问：她为什么买了这么多水果？

32. 女：衣服洗干净了没有？

男：已经洗好了，还要做些什么？

女：你去把房间打扫一下，我来洗盘子和碗。

男：两个房间都打扫吗？

问：女的接下来要做什么？

33. 男：小红，刚才有你的电话。

女：是谁找我？有什么事？

男：是银行打来的，要跟你说关于信用卡的事。

女：这就奇怪了，我没有办过信用卡啊。

问：根据对话，可以知道什么？

34. 女：对不起，能帮我一个忙吗？

男：没问题。什么事？

女：帮我拿一下最上面的那本书，行吗？就是那本红色的。

男：行。就这本吗？

问：她要的书是什么颜色的？

35. 男：你喝咖啡还是喝啤酒？

女：晚上最好别喝咖啡，容易睡不着。

男：那就喝啤酒吧，冰箱里还有两瓶。

女：好啊，夏天这么热，来杯冰啤酒正好。

问：他们打算喝什么？

36. 女：你穿成这样，是去运动了吗？

男：今晚跟朋友一起去体育馆打球了。

女：在那里打球多少钱？

男：一个小时三十块，我们四个人打两小时，每个人才花十五。

问：他们几个人一起打球？

37. 女：今天早上你跟女儿去哪儿了？

男：我带女儿去附近的公园练骑自行车了。

女：她学得怎么样了？

男：她学得非常快，才练习了几次，我就能放手让她自己骑了。

问：女儿学自行车学得怎么样了？

38. 男：你觉得刚才那个人怎么样？

女：这个工作最需要的是热情，他是不是太安静了？

男：我同意你的看法。

女：那让下一位进来吧。

问：这个工作需要什么样的人？

39. 女：听说你搬家了？

男：我还在找房子，都一个星期了还没找到。

女：那你现在住在哪儿？

男：现在住在一个同事的家里，就在公司旁边。

问：男的现在住在哪儿？

40. 女：你带词典了吗？能不能借我用用？

男：我也没有词典，你要查什么？

女：你看，这是今天的作业，这个字我不认识。

男：这个老师讲过，我的笔记本里记着呢。

问：他们是怎么解决问题的？

听力考试现在结束。

（音乐，30秒，渐弱）

大家好！欢迎参加HSK（三级）考试。

大家好！欢迎参加HSK（三级）考试。

大家好！欢迎参加HSK（三级）考试。

HSK（三级）听力考试分四部分，共40题。

请大家注意，听力考试现在开始。

▶ 第一部分

一共10个题，每题听两次。

例如：男：喂，请问张经理在吗？

　　　女：他正在开会，您半个小时以后再打，好吗？

现在开始第1到5题：

1.　女：谢谢你给我买的帽子，不大也不小，刚刚好。

　　男：你能满意最好了，我还害怕你不喜欢呢。

2.　男：黑板上的字是谁写的？写得很漂亮啊！

　　女：是小黄吧，他练过书法。

3.　男：今天上午我没找到你们，你们去哪儿了？

　　女：我们上课的地方换了，你不知道吗？

4.　女：下个月我就要结婚了，欢迎你来参加婚礼。

　　男：我会去的。是你姐姐给你介绍的那个人吗？

5.　男：我的身体很健康，为什么还要检查？

　　女：出国以前都要去医院做身体检查的。

现在开始第6到10题：

6.　女：这里环境真好，真想多在这里玩儿几天！

　　男：是啊，但是假期明天就结束了。

7.　男：别看这个孩子个子不高，他篮球打得特别好。

　　女：他也是你班上的学生吧？

8.　男：下周有个汉语考试，周末我们一起复习吧。

　　女：行，我们在学校附近的咖啡店见怎么样？

9.　女：儿子发烧了，你快给医生打电话。

　　男：我打了，没人接。我还是带他去医院吧。

10.　男：除了你，我们谁也没带伞。

　　　女：那怎么办呢？要不要我去商店帮你们买几把伞？

▶ 第二部分

一共10个题，每题听两次。

例如：为了让自己更健康，他每天都花一个小时去锻炼身体。

　　★ 他希望自己很健康。

　　今天我想早点儿回家。看了看手表，才五点。过了一会儿再看表，还是五点，我这才发现我的
　　手表不走了。

　　★ 那块手表不是他的。

现在开始第11题：

11.　这是前几天来店里吃饭的客人送给奶奶的猫，它不但很可爱，还给奶奶带来很多快乐。

　　★ 这只猫是别人送的。

12.　我发现最近很多同学在课上玩儿手机，这样对你们是很不好的。不过如果你们需要查词典，是
　　可以用一下手机的。

　　★ 不能把手机带到学校。

13.　事情变成现在这个样子，都是因为我没有做最大的努力。请您别生气，以后我会提高自己的能
　　力，下次一定能做好。

　　★ 这件事他没做好。

14.　这个笔记本太大了，请问你们店里有没有小一点儿的？我想带着笔记本电脑去图书馆或者咖啡
　　馆儿学习，小一些的会比较方便。

　　★ 他想买小一点儿的电脑。

15.　你喜欢踢足球吗？如果你喜欢的话，周末我们一起踢足球吧。

　　★ 周末有一场足球比赛。

16.　为什么刚读过的课文马上就忘记了？一开始我很难过，以为自己一点儿也不聪明，后来发现是
　　因为读得太少了，所以现在我每天都复习。

　　★ 他现在很难过。

17.　我发现孩子越来越关心国家大事了，昨天他跟我聊了关于国外新闻的事。他真的长大了，我为
　　这样的儿子感到高兴。

　　★ 儿子对新闻感兴趣。

18.　你怎么说着说着突然不说了？没关系，有什么问题都可以提出来，这个会议就是让大家讲讲自
　　己的看法的。

　　★ 他们正在开会。

19.　她跳舞跳得非常好看，就是我离得太远了，看得不太清楚。现在是休息时间，我可以过去和她
　　说几句话吗？

　　★ 她跳舞跳得很累。

20.　上午出门的时候，太阳还很大，谁想到下午突然下雨了！今天我们的体育课就不在外面上了，
　　大家都进体育馆里去。

　　★ 今天他们在体育馆里上体育课。

▶ 第三部分

一共10 个题，每题听两次。

例如：男：小王，帮我开一下门，好吗？谢谢!

女：没问题。您去超市了？买了这么多东西。

问：男的想让小王做什么？

现在开始第21 题：

21. 女：你为什么最近经常看报纸？

男：我要找个工作，除了看报纸我也会上网看看。

问：男的为什么最近经常看报纸？

22. 女：你知道今天是什么日子吗？

男：当然，已经有好几个人告诉我今天是中秋节了。

问：今天是什么日子？

23. 男：谢谢老师! 您这么说我一下就明白了。

女：很高兴你的问题解决了，以后有什么不清楚的可以再来找我。

问：他们最可能是什么关系？

24. 男：孩子的数学成绩没有去年那么好了，怎么办？

女：老师讲的对他来说不难，他就是考试的时候不认真。

问：孩子数学考试为什么没考好？

25. 男：你打算和你男朋友一起出国留学吗？你妈妈知道这件事了吗？

女：我早就跟我爸妈说过了，他们都同意。

问：女的的爸妈同意她做什么？

26. 女：这里的动物可爱极了，而且看起来都生活得很开心。

男：那是因为动物园的工作人员把它们照顾得特别好。

问：他们最可能在哪里？

27. 女：今天经理怎么没来上班？

男：听说他为了照顾生病的女儿，请了一天假。

问：经理今天怎么了？

28. 女：你要去的那个城市是什么样的？

男：我也是第一次去，对那个地方还不太了解，不过听说很好玩儿。

问：根据对话可以知道什么？

29. 女：忙了一个星期，终于可以好好儿休息一下了。

男：我们很久没一起看电影了。最近有很多新的外国电影，你想看吗？

问：男的想跟女的一起做什么？

30. 男：西瓜看起来不错，甜不甜？

女：我的西瓜是最好的，您可以尝一下，不甜不要钱。

问：女的是什么意思？

▶ 第四部分

一共 10 个题，每题听两次。

例如：女：晚饭做好了，准备吃饭了。

男：等一会儿，比赛还有三分钟就结束了。

女：快点儿吧，一起吃，菜冷了就不好吃了。

男：你先吃，我马上就看完了。

问：男的在做什么？

现在开始第31题：

31.　男：请问，去中心花园怎么走？

女：一直向前走，到十字路口向右转就到了。

男：离这里远吗？

女：离这里三四百米。

问：中心花园离这里多远？

32.　女：什么饮料是冰的？

男：啤酒和可乐都是冰的。

女：来两瓶可乐吧，再要一瓶水。

男：给您，一共十二块。

问：女的在买什么？

33.　男：好久不见，这个夏天你去哪儿了？

女：我去旅游了，昨天刚回来。

男：你都变黑了，一定玩儿得很开心吧。

女：是啊，有机会给你看看我们旅游拍的照片。

问：女的是什么时候去旅游的？

34.　女：你带来的这种面包真好吃！

男：我以为你不喜欢甜的东西。

女：人饿了的时候什么都好吃。

男：我这儿还有半个，也给你吧。

问：关于女的，可以知道什么？

35.　男：明天我要帮姐姐照顾她四岁的儿子。

女：跟小孩子在一起会很有意思的。

男：可是我不知道该做些什么。

女：和他一起做一些简单的游戏就行。

问：女的让男的跟孩子一起做什么？

36.　女：你又迟到了！

男：对不起，路上车太多了，我们走得很慢。

女：如果坐地铁就不会迟到了。

男：但是我家附近没有地铁站，不太方便。

问：男的是怎么来的？

37.　女：我们要搬家了，所以我必须去别的学校了。

男：你离开这里，我们会很难过的。

女：我也很难过，但这是我爸妈的决定。

男：以后见面不太容易了，你可别忘了我们啊！

问：男的为什么难过？

38. 男：这不是我的行李箱，一定是有人拿错了。

女：您的箱子里有什么重要的东西吗？

男：我的照相机和信用卡都在里面。

女：先生，您别着急，我们马上帮您找。

问：他们最可能在哪里？

39. 女：你在听什么？

男：我在学中文歌，老师说这对我学习汉语有帮助。

女：你学会了没有？唱一段给我听听吧。

男：还没有，有的地方有点儿难。你可以教我吗？

问：男的在学什么？

40. 女：这是什么声音？你听到了吗？

男：好像是邻居家的狗在叫。

女：能不能让它安静点儿？都十一点了，该睡觉了！

男：你别生气，我去跟他们说说。

问：女的为什么生气？

听力考试现在结束。

실전 모의고사 3회

（音乐，30秒，渐弱）

大家好！欢迎参加HSK（三级）考试。

大家好！欢迎参加HSK（三级）考试。

大家好！欢迎参加HSK（三级）考试。

HSK（三级）听力考试分四部分，共40 题。

请大家注意，听力考试现在开始。

▶ 第一部分

一共10个题，每题听两次。

例如：男：喂，请问张经理在吗？

女：他正在开会，您半个小时以后再打，好吗？

现在开始第1到5题：

1. 男：老师刚刚说了什么？我没听清楚。
   女：他说如果同学们没有什么问题了，就可以下课了。

2. 男：你觉得汉字难写吗？
   女：我觉得只要你认真练习，还是很简单的。

3. 女：我想试试这条裙子。
   男：还买裙子？上星期不是刚买了一条新裙子吗？

4. 女：今天晚上的足球比赛，你会参加吗？
   男：我很想参加，但是今晚我有事，没办法去了。

5. 男：你是去图书馆吗？能帮我还本书吗？
   女：行，就这本吗？

现在开始第6到10题：

6. 女：都十点了，你怎么还不起床？
   男：妈妈，我头疼，好像发烧了。

7. 男：你为什么用啤酒洗头发？
   女：根据这本书的说法，用啤酒洗头发对头发很好。

8. 男：你知道接下来是谁要上去讲话吗？
   女：是我们学校的新校长，他以前是我们汉语班的老师。

9. 女：你想吃面包还是面条儿？
   男：这两样我都不太想吃，我可以吃一点儿你做的米饭吗？

10. 男：刚才和你聊天儿的那个人是谁？
    女：是一个外地游客，她想了解一下这附近有什么好玩儿的。

▶ 第二部分

一共10个题，每题听两次。

例如：为了让自己更健康，他每天都花一个小时去锻炼身体。

　　★ 他希望自己很健康。

今天我想早点儿回家。看了看手表，才五点。过了一会儿再看表，还是五点，我这才发现我的手表不走了。

　　★ 那块手表不是他的。

现在开始第11题：

11. 我忘记了昨天是我女朋友的生日，今天我才发现她生气了，一上午都没和我说话。

　　★ 今天是他女朋友生日。

12. 他这个人对同事非常热情。我们是从去年开始一起工作的，现在我们已经成为关系不一般的好朋友了。

　　★ 他们的关系非常好。

13. 这是你弟弟的铅笔吗？怎么放在吃饭的桌子上了？你能帮我把它拿给你弟弟吗？然后帮他练习一下汉字。

★ 弟弟把铅笔放在书桌上了。

14. 你说我的腿？没什么事，就是打篮球的时候没太注意。医生说没什么大问题，少走路就行，现在已经不疼了。

★ 他的腿现在不疼了。

15. 那个人是你的同学吗？他看起来很奇怪，一直在学校里走来走去，他是在找什么东西吗？

★ 那个人在找钱包。

16. 刚才我听邻居说楼下商店里的水果都便宜卖了。一会儿吃完饭我们一起去看看吧，正好也可以出去走走，锻炼锻炼。

★ 他们已经吃完饭了。

17. 儿子今天一天都在玩儿电子游戏，你得去说说他。都放了半个月假了，他好像一点儿作业也没写。怎么办呢？

★ 儿子还没开始写作业。

18. 欢迎你来北京！听说你考上了北京大学，祝贺你！北京大学不但在中国很有名，在世界上也非常有名，很多学生都想去那里上学。

★ 北京大学很有名。

19. 这次春游，校长同意我们去动物园了。这周六早上八点，在学校门口见面，我们八点半出发，希望大家别迟到。

★ 他们这周日去春游。

20. 你什么时候回南京的？也不告诉我一声！你回来的时候我可以开车去机场接你，这样不是方便一点儿吗？

★ 他要去机场接朋友。

▶ 第三部分

一共10个题，每题听两次。

例如：男：小王，帮我开一下门，好吗？谢谢！

女：没问题。您去超市了？买了这么多东西。

问：男的想让小王做什么？

现在开始第21题：

21. 女：这些椅子你们还需要吗？我能借一把吗？

男：会议结束了，不需要了。你要用就搬走吧。

问：女的来借什么？

22. 男：你还在练习跳舞？这么久了，休息一会儿吧。

女：可是我对自己还不太满意。

问：男的想让女的做什么？

23. 男：听说你才回来，怎么马上又要走了呢？

女：我爷爷生病了，我得早点儿回去照顾他。

问：女的为什么要走？

24. 女：你怎么这么慢？我们差点儿就要离开了。

男：对不起，我的自行车坏了。

问：男的的自行车怎么了？

25. 男：街道上人真多！今天是什么节日吗？
    女：你忘了？今天是五月一号，大家都放假了。
    问：他们最可能在哪里？

26. 女：我找不到国家图书馆，你有什么办法可以帮我一下吗？
    男：你可以打开你手机里的电子地图，根据地图找到图书馆。
    问：他们想怎么找图书馆？

27. 男：我想给我妹妹买一个生日礼物，但是不知道买什么好。
    女：你可以给她买件白衬衫，她穿一定很漂亮。
    问：男的要给谁买礼物？

28. 男：你一次就通过了这场考试，真是太聪明了！
    女：谢谢！其实我为这场考试准备了很久。
    问：关于女的，可以知道什么？

29. 女：冰箱里有什么吃的吗？我有点儿饿了。
    男：有一些蛋糕、面包，还有半个西瓜。
    问：他们把西瓜放在哪里了？

30. 男：我的头很疼，就不送你回家了。
    女：身体不舒服就早点儿休息吧。别担心，我自己也可以回家。
    问：根据对话，可以知道什么？

▶ 第四部分

一共10个题，每题听两次。

例如：女：晚饭做好了，准备吃饭了。
    男：等一会儿，比赛还有三分钟就结束了。
    女：快点儿吧，一起吃，菜冷了就不好吃了。
    男：你先吃，我马上就看完了。
    问：男的在做什么？

现在开始第31题：

31. 男：我有两张明天的电影票，想不想一起去看？
    女：想是想，就怕听不懂。
    男：这是最新的电影，很好看的。
    女：那好，我们明天一起去吧。
    问：他们明天打算做什么？

32. 女：我儿子下个月6号结婚，那天你能来吗？
    男：到时候我一定去。
    女：你女儿怎么样了？结婚了吧？
    男：没有，她还没有男朋友呢。
    问：下个月谁要结婚？

33. 女：小王，你每天怎么上班？

男：我家离公司比较远，我要先骑半个小时的自行车，然后再坐地铁。

女：如果下雨或者下雪的话，很不方便吧？

男：是啊，天气不好的时候我就坐出租车。

问：天气不好的时候男的怎么上班？

34. 男：请问，你们这里有英汉词典吗？

女：英汉词典现在没有。

男：什么时候会有？

女：你一周以后再过来看看吧。

问：他们最可能在哪里？

35. 男：每学完一课就有这么多生词，我记不住，怎么办呢？

女：你怎么记生词的？

男：我一遍又一遍地读。

女：这个方法不太好，你换个方法试试。

问：男的为什么记不住生词？

36. 女：天真热！我要洗个澡。

男：我也想洗个澡，你先洗吧，你洗完我再洗。

女：帮我把毛巾拿过来好吗？

男：等一会儿，等我看完这段。

问：男的在做什么？

37. 女：我们周末去游泳馆游泳，你去吗？

男：我想去，可是去不了。

女：为什么？你不是很喜欢运动吗？

男：我感冒了，还是在家休息吧。

问：男的为什么不去游泳？

38. 男：你在找什么？

女：我借来的中文书怎么不见了？

男：刚才小张来过，他把书拿走了。

女：可我现在需要用这些书。你有他的电话吗？

问：女的在找什么？

39. 男：你好，我要两张去上海的火车票。

女：您要几点出发的？

男：下午4点的。

女：没问题，一共是120元。

问：男的要坐几点的火车？

40. 女：这只猫多可爱啊！我们把它带回家吧。

男：我不同意。

女：为什么？

男：照顾小动物很累的，而且家里也不方便。

问：根据对话，可以知道什么？

听力考试现在结束。

memo

memo

FINAL
HSK
실전 —— 3급
모의고사